Spargel

Andreas Neubauer
Michael Wissing

Spargel

Die edlen Stangen aus dem Garten der Venus
70 Rezepte für Feinschmecker

AT Verlag

Sämliche Rezepte sind, sofern nicht anders
vermerkt, für 4 Personen berechnet.

© 2008
AT Verlag, Baden und München
Fotos: Michael Wissing, Fotoassistenz: Joss Andres
Lithos: Vogt-Schild Druck, Derendingen
Druck und Bindearbeiten: Firmengruppe APPL, aprinta Druck, Wemding
Printed in Germany

ISBN 978-3-03800-332-8

www.at-verlag.ch

Inhaltsverzeichnis

Vorspeisen, Salate, Suppen

Panna cotta von grünem und weißem Spargel mit Lachstatar

Für 4–6 Portionen,
je nach Größe der Gläser

Panna cotta:
150 g grüner Spargel, geputzt,
    holzige Enden entfernt
150 g weißer Spargel, geschält,
    holzige Enden entfernt
4 Blatt Gelatine
400 ml Rahm
Salz, Cayennepfeffer, Zucker
½ Limette, Saft

150 g geräucherter Lachs
100 g frisches Lachsfilet,
    ohne Haut und Gräten
1 Bund Schnittlauch, fein geschnitten
3 EL Limettenöl
Salz, Pfeffer aus der Mühle
Kartoffelchips zum Garnieren
    (siehe Grundrezepte)

Die grünen und die weißen Spargelstangen in kurze Stücke schneiden. Separat bereithalten.

Zwei der Gelatineblätter 5 Minuten in kaltem Wasser einweichen. Den grünen Spargel mit der Hälfte des Rahms in einem kleinen Topf bei mittlerer Hitze etwa 5 Minuten leise köcheln lassen. Das Ganze mit dem Stabmixer oder im Mixer fein pürieren, durch ein Sieb streichen und mit Salz, Cayennepfeffer, etwas Zucker und einem Spritzer Limettensaft würzig abschmecken. Die eingeweichte Gelatine ausdrücken und im heißen Spargelpüree auflösen. 4–6 Gläser jeweils zur Hälfte mit dem grünen Spargelpüree füllen und 1 Stunde kalt stellen. Aus dem weißen Spargel mit der restlichen Gelatine und dem restlichen Rahm wie oben beschrieben ebenfalls ein Püree herstellen. Abkühlen lassen, dann auf das grüne Spargelpüree in die Gläser gießen und 1 weitere Stunde kalt stellen.

Den geräucherten und den frischen Lachs möglichst fein hacken, mit Schnittlauch und Limettenöl vermischen. Das Lachstatar mit Salz und Pfeffer abschmecken, auf der Panna cotta in den Gläsern verteilen und mit Kartoffelchips garniert servieren.

Tipp:
Die Panna cotta lässt sich gut 1–2 Tage im Voraus zubereiten.

Spargel-Tempura mit Orangen-Mango-Chutney

Chutney:
1 Zwiebel, fein gewürfelt
1 rote Chilischote, längs halbiert, entkernt,
    fein geschnitten
1 EL Olivenöl
50 ml Weißweinessig
100 g Zucker
2 Orangen, geschält, weiße Haut entfernt,
    klein gewürfelt
30 g Rosinen
1 reife Mango, geschält, Fruchtfleisch
    vom Stein geschnitten, gewürfelt
1 EL fein gehackte Minze

Spargel-Tempura:
120 g Mehl
1 EL Backpulver
1 Eigelb
Salz
8 dünne weiße Spargelstangen, geschält,
    holzige Enden entfernt
8 dünne grüne Spargelstangen,
    holzige Enden entfernt
Mehl zum Wenden
ca. ½ l Erdnussöl zum Frittieren

Zwiebel und Chili im heißen Olivenöl
andünsten. Mit dem Essig ablöschen, den
Zucker, die gewürfelten Orangen und die
Rosinen daruntermischen und alles bei
mittlerer Hitze langsam einkochen, bis fast
die gesamte Flüssigkeit verdunstet ist. Die
Mangowürfel und die Minze daruntermischen. Das Chutney im Kühlschrank auskühlen lassen.
Für die Tempura Mehl, Backpulver und
Eigelb mit einer Prise Salz und ¼ l eis-
kaltem Wasser zu einem dickflüssigen Teig
verrühren.
Die Spargelstangen der Länge nach halbieren, in Mehl wenden, durch den Backteig ziehen und portionsweise im heißen
Frittieröl goldbraun und knusprig ausbacken. Auf Küchenpapier abtropfen lassen,
etwas salzen und zusammen mit dem
Chutney servieren.

Schinkenröllchen mit violettem Spargel und Honigmelone

12 dünne violette oder ersatzweise grüne
    Spargelstangen, holzige Enden entfernt
4 EL Olivenöl
Salz, Pfeffer aus der Mühle
½ Honigmelone, geschält, halbiert, entkernt
12 Scheiben Parmaschinken
ca. 50 g Parmesan, gehobelt

Die Spargelstangen der Länge nach vierteln.
1 Esslöffel Olivenöl erhitzen und den
Spargel darin kurz andünsten, dabei mit
Salz und Pfeffer würzen. Aus der Pfanne
nehmen und abkühlen lassen.
Die Melonenhälften in etwa ½ cm breite
Streifen schneiden.
Auf jede Scheibe Parmaschinken 3–4 Spar-
gelsteifen und 3–4 Melonenstreifen legen
und darin einwickeln. Die Röllchen nebeneinander auf eine Platte legen, mit dem restlichen Öl beträufeln und mit frisch gehobeltem Parmesan bestreut servieren.

Schinkenröllchen mit violettem Spargel und Honigmelone

Spargel mit Radieschen-Schnittlauch-Vinaigrette und gekochtem Schinken

1 kg weißer Spargel, geschält,
    holzige Enden entfernt
2 Bund Schnittlauch, fein geschnitten
12 Radieschen, in dünne Scheiben
    geschnitten
4 Eier

Vinaigrette:
4 EL Weißweinessig
2 EL Ahornsirup
1 TL Meerrettichpaste
Salz, Pfeffer aus der Mühle
4 EL Rapsöl
2 EL Walnussöl
8 Scheiben gekochter Schinken

Die Spargelstangen in kochendem Salzwasser 10–12 Minuten kochen, anschließend kalt abschrecken.
Die Eier 8 Minuten hart kochen, kalt
abschrecken, schälen und in Schnitze
schneiden.
Essig, Ahornsirup und Meerrettich mit Salz
und Pfeffer verrühren. Das Öl kräftig darunterrühren, den Schnittlauch und die
Radieschenscheiben daruntermischen.
Die gekochten Spargelstangen der Länge
nach halbieren, mit dem Schinken und den
Eivierteln auf Tellern anrichten. Die Radieschen-Schnittlauch-Vinaigrette gleichmäßig
über den Spargel verteilen.

Ceviche von Lachs und Spargel

3 dicke weiße Spargelstangen, geschält
je 4 grüne und violette Spargelstangen,
    geputzt, holzige Enden entfernt
450 g Lachsfilet, ohne Haut und Gräten,
    gewaschen, trockengetupft
3 Limetten
1 saftige Orange
1 EL Ahornsirup
4–5 EL Olivenöl
Meersalz, schwarzer Pfeffer aus der Mühle
etwas Gartenkresse zum Bestreuen

Alle Spargelstangen in sehr dünne Scheiben
schneiden und in ein weites, flaches Gefäß
verteilen. Den Lachs in etwa $\frac{1}{2}$ cm dicke
Scheiben schneiden und auf die Spargelscheiben legen. Von 1 Limette und von der
Orange die Schale abreiben. Alle Früchte
halbieren, den Saft auspressen und mit der
abgeriebenen Schale über Lachs und
Spargel verteilen und zugedeckt etwa
1 Stunde im Kühlschrank marinieren.
Spargel und Lachs auf Tellern anrichten. Die
Marinade mit dem Ahornsirup vermischen
und nach und nach das Olivenöl darunterrühren. Das Dressing über Lachs und Spargel
träufeln, alles mit Meersalz und Pfeffer
würzen und mit etwas Kresse garnieren.

Spargel mit Radieschen-Schnittlauch-Vinaigrette und gekochtem Schinken   13

Spargel-Bruschetta

Mit grünem Spargel und Tomaten

Für 8–12 Portionen

8 dünne grüne Spargelstangen, geputzt,
   holzige Enden entfernt
1 Zwiebel, fein gewürfelt
2 Knoblauchzehen, fein gehackt
3–4 EL Olivenöl
4 vollreife Eiertomaten (Roma), geviertelt,
   entkernt, gewürfelt
Salz, Pfeffer aus der Mühle
Saft von ½ Zitrone
6–8 Scheiben Weißbrot, nicht zu dünn
   geschnitten

Die Spargelstangen in kurze Stücke
schneiden und zusammen mit Zwiebel und
Knoblauch im heißen Olivenöl andünsten.
In eine Schüssel geben. Die gewürfelten
Tomaten daruntermischen. Alles kräftig mit
Salz, Pfeffer und einem Spritzer Zitronen-
saft abschmecken.
Die Brotscheiben unter dem Backofengrill
von beiden Seiten goldbraun rösten.
Anschließend halbieren, die Tomaten-
Spargel-Mischung großzügig darauf ver-
teilen und möglichst rasch servieren.

Mit Orangenfrischkäse und weißem Spargel

Für 8–12 Portionen

3 saftige Orangen, abgeriebene Schale
   und Saft
200 g Frischkäse
1 Zweig Estragon, Blätter fein gehackt
4–6 Scheiben Weißbrot
4–6 weiße Spargelstangen, geschält
Rapsöl zum Braten
1 TL Zucker
Salz, Pfeffer aus der Mühle
fein geschnittener Schnittlauch

Orangensaft und -schale in einen kleinen
Topf geben und sirupartig einkochen
lassen. Abkühlen lassen, dann mit dem
Frischkäse verrühren und den Estragon
daruntermischen.
Inzwischen die Spargelstangen schräg in
dünne Scheiben schneiden. In wenig
heißem Rapsöl braten, dabei mit dem
Zucker bestreuen und diesen leicht karamellisieren lassen.
Gleichzeitig die Brotscheiben unter dem
Backofengrill von beiden Seiten goldbraun
rösten. Anschließend halbieren und großzügig mit dem Orangenfrischkäse bestreichen. Den Spargel mit Salz und Pfeffer
würzen, auf die bestrichenen Brote verteilen und mit etwas Schnittlauch bestreut
servieren.

Parmesanmousse mit violettem Spargel, karamellisierten Pflaumen und Rucola

Parmesanmousse:

3 Blatt Gelatine

300 ml Milch

150 g Parmesan, frisch gerieben

Salz, Cayennepfeffer

250 g Rahm, steif geschlagen

8 Stangen violetter oder ersatzweise
grüner Spargel, geputzt

6 kleine Pflaumen, halbiert, entsteint

30 g Butter

Meersalz, schwarzer Pfeffer aus der Mühle

2 EL Rotweinessig

3 EL Honig

1 mittelgroßer Chicorée, geputzt,
in Blätter zerteilt

50 g Rucola

40 g Pinienkerne, trocken goldbraun
geröstet

Die Gelatine etwa 5 Minuten in kaltem Wasser einweichen. Inzwischen die Milch aufkochen, den geriebenen Parmesan unter ständigem Rühren darin auflösen. Den Topf vom Herd nehmen und die ausgedrückte Gelatine in der heißen Parmesanmilch auflösen. Mit Salz und Cayennepfeffer würzig abschmecken und kühl stellen. Sobald die Parmesanmilch zu gelieren beginnt, den steif geschlagenen Rahm behutsam darunterheben. Die Mousse in eine Schüssel umfüllen und zugedeckt 4–5 Stunden kühl stellen.

Den Spargel schräg in dünne Scheiben schneiden. Die Pflaumenhälften in der zerlassenen Butter anbraten, dabei mit Salz und Pfeffer würzen. Mit etwas Essig beträufeln, den Honig hinzufügen und die Pflaumen in dem entstandenen Sirup glasieren. Die glasierten Pflaumenhälften mit den Salatblättern und den Spargelscheiben auf Teller verteilen. Den Salat mit dem Honigsirup aus der Pfanne beträufeln. Aus der Parmesanmousse mit einem in heißes Wasser getauchten Löffel Nocken abstechen und diese auf dem Salat anrichten. Die gerösteten Pinienkerne darüberstreuen.

Tipp:
Die Parmesanmousse lässt sich 1–2 Tage im Voraus zubereiten; sie hält sich im Kühlschrank 4–5 Tage.

Spargelrösti mit geräuchertem Lachs, Orangenvinaigrette und Rucola

5 dicke weiße Spargelstangen, geschält,
   holzige Enden entfernt
5 grüne Spargelstangen, holzige Enden
   entfernt
2 große Kartoffeln (etwa 400 g), geschält
2–3 EL Speisestärke
Salz, Pfeffer aus der Mühle

Vinaigrette:
1 Orange, abgeriebene Schale und Saft
½ Limette, Saft
1 EL Honig
4 EL Olivenöl

50 g Rucola, geputzt
80 g Butterschmalz
250 g Räucherlachs

Spargel und Kartoffeln grob raspeln. Alles mit der Speisestärke sowie mit Salz und Pfeffer würzen.
Orangenschale und -saft sowie Limettensaft und Honig in eine Schüssel geben, das Öl nach und nach darunterrühren, mit Salz und Pfeffer abschmecken.
Die Spargel-Kartoffel-Mischung in einer beschichteten Pfanne im heißen Butterschmalz zu vier Rösti goldbraun ausbacken. Anrichten, die Lachsscheiben darauflegen, die Rucolablätter darüber verteilen und alles mit der Orangenvinaigrette beträufeln.

Spargel-Sticks

Für 24 Spieße

12 grüne Spargelspitzen
12 weiße Spargelspitzen
3 Blatt Gelatine
100 ml Milch
200 g Doppelrahm-Frischkäse
Salz, Pfeffer aus der Mühle
2 Bund Schnittlauch, möglichst fein geschnitten
40 g Parmesan, fein gerieben

Die Spargelspitzen in kochendem Salzwasser 6–8 Minuten garen. Abgießen und in Eiswasser abschrecken. In jede Spargelstange in Längsrichtung einen kurzen Holzspieß stecken.
Die Gelatine in kaltem Wasser etwa 5 Minuten einweichen. Die Milch aufkochen, die ausgedrückte Gelatine darin auflösen, den Frischkäse dazugeben und glattrühren. Mit etwas Salz und Pfeffer abschmecken.
Die aufgespießten Spargelstangen in die Frischkäsecreme tauchen, etwas abtropfen lassen und etwa 15 Minuten kühl stellen, bis die Creme fest wird. Die weißen Spargelspitzen im Schnittlauch wälzen, die grünen Spargelspitzen im Parmesan. Die Sticks nebeneinander auf einer Platte anrichten.

Spargelrösti mit geräuchertem Lachs, Orangenvinaigrette und Rucola   19

Spargel-Sushi

Für 4–6 Portionen

300 g japanischer Sushi-Rundkornreis,
    gründlich kalt abgebraust und abgetropft
Salz
50 ml Reisessig
1 EL Zucker
4–5 EL Pflaumenwein
4 grüne Spargelstangen
4 weiße Spargelspitzen
2 Noriblätter
Sojasauce, Wasabipaste und eingelegter
    Ingwer

Den Reis mit 450 ml kaltem Wasser und etwas Salz in einen Topf geben und bei mittlerer Hitze zum Kochen bringen, offen etwa 1 Minute sprudelnd kochen, dann zugedeckt bei milder Hitze 10–15 Minuten nachgaren lassen. Den Reis in eine große flache Schüssel umfüllen.

Den Reisessig mit Zucker, etwas Salz und Pflaumenwein verrühren und zum noch warmen Reis geben; zum Mischen den Reis nicht rühren, sondern einen Spatel längs und quer durch den Reis führen (dadurch bleibt der Reis körniger). Den Reis abkühlen lassen.

Inzwischen die grünen Spargelstangen und die weißen Spargelspitzen in kochendem Salzwasser etwa 6 Minuten garen. Abgießen und in Eiswasser kalt abschrecken. Vom grünen Spargel die Spitzen abschneiden und beiseite legen.

Ein Noriblatt auf eine Bambusmatte legen. Den Reis mit angefeuchteten Händen etwa 1 cm dick darauf verteilen, dabei am oberen und unteren Rand einen schmalen Streifen frei lassen. Den Reis etwas flachdrücken und 2 grüne Spargelstangen in der Mitte quer auf den Reis legen. Das Noriblatt mit Hilfe der Bambusmatte einrollen und das Ende fest an die Rolle drücken, so dass es festklebt. Die zweite Rolle auf die gleiche Weise herstellen.

Den restlichen Reis mit angefeuchteten Händen zu kleinen länglichen Klößchen formen. Auf jedes Klößchen etwas Wasabi streichen, darauf nebeneinander je eine längs halbierte grüne und weiße Spargel-spitze legen und mit einem schmalen Nori-blattstreifen umwickeln.

Die Sushirollen mit einem scharfen Messer in etwa 2 cm breite Stücke schneiden. Zusammen mit Sojasauce, Wasabi und ein-gelegtem Ingwer servieren.

Spargel-Knusperstangen

Für 12 Stangen

6 grüne Spargelstangen, holzige Enden
    entfernt
6 weiße Spargelstangen, geschält, holzige
    Enden entfernt
2 Filoteigblätter
100 g Butter, geschmolzen
je 1 EL Sesam, Mohn oder grobes Meersalz
    zum Bestreuen

Die Spargelstangen in kochendem Salzwasser etwa 4 Minuten garen. Abgießen
und kalt abschrecken. Die Stangen der
Länge nach halbieren, je eine grüne und
eine weiße Spargelhälfte aufeinanderlegen.
Den Ofen auf 200 Grad vorheizen.
Jedes Filoteigblatt in 6 gleich große recht-
eckige Stücke schneiden. Die Teigstücke
dünn mit flüssiger Butter bestreichen, jede
der zusammengesetzten grün-weißen Spargelstangen mit einem Teigstreifen umwickeln und auf ein mit Backpapier belegtes
Backblech legen. Spargelstangen und Teig
nochmals mit Butter bestreichen, den Teig
mit Mohn, Sesam oder groben Salzkörnern
bestreuen und im vorgeheizten Ofen
10–15 Minuten goldbraun backen.

Tramezzini mit Spargel und Kräuterquark

Für 18 kleine Häppchen

Kräuterquark:
2 Blatt Gelatine
75 ml Rahm
100 g gemischte Kräuter (z. B. Petersilie,
    Kerbel, Estragon, Schnittlauch, Kresse,
    Pimpernelle, Dill, Sauerampfer),
    Blätter grob gehackt
250 g Magerquark
Salz, Cayennepfeffer
½ Zitrone, Saft

12 dicke Spargelstangen, geschält,
    in 10 cm lange Stücke geschnitten
ca. 75 g Butter
6 Sandwichbrotscheiben

Die Gelatine 5 Minuten in kaltem Wasser
einweichen. Den Rahm erhitzen, die ausgedrückte Gelatine darin auflösen. Die
Kräuter zusammen mit dem Quark und der
warmen Rahmmischung im Mixer fein
pürieren. Mit Salz, Cayennepfeffer und
Zitronensaft abschmecken und 1 Stunde
kalt stellen.
Inzwischen die Spargelstangen in kochendem Salzwasser etwa 10 Minuten garen.
Abgießen, kalt abschrecken und trockentupfen.
Die Butter in einer Pfanne erhitzen und
die Brotscheiben darin portionsweise von
beiden Seiten goldbraun rösten. 4 der Brotscheiben mit dem Kräuterquark bestreichen. Darauf in einem Abstand von etwa
2 cm jeweils 3 Spargelstangen setzen. Je
2 der so belegten Brotscheiben aufeinander-
setzen und mit jeweils einer unbelegten
Brotscheibe bedecken. Jedes dieser Sandwiches so mit Holzspießen durchbohren, dass
sie in 9 gleich große Stücke geschnitten
werden können und die Spargelstangen
jeweils von den Spießen durchbohrt sind.
Die Sandwiches mit einem Elektromesser
oder einem scharfen Sägemesser zwischen
den Spießen in Stücke schneiden.

Tramezzini mit Spargel und Kräuterquark   23

Gebackene Spargel-Parmesan-Röllchen mit Tomatendip

Für 12 Röllchen

Tomatendip:
1 Zwiebel, fein gewürfelt
1 Knoblauchzehe, fein gewürfelt
2 EL Olivenöl
2 EL brauner Zucker
1 TL Tomatenmark
2–3 EL Rotweinessig
3 Tomaten, geviertelt, entkernt, gewürfelt
Salz, Pfeffer aus der Mühle
3 EL frisch gehackter Basilikum

Röllchen:
6 grüne Spargelstangen, holzige Enden
    entfernt
200 g Frischkäse
50 g Parmesan, frisch gerieben
2 EL Semmelbrösel
Salz, Pfeffer aus der Mühle
½ Zitrone, Saft
12 Frühlingsrollen-Teigblätter (Asienladen)
2 Eiweiß, verquirlt
ca. 75 g Butterschmalz

Zwiebel und Knoblauch im heißen Olivenöl andünsten. Mit dem Zucker bestreuen und diesen karamellisieren lassen. Das Tomatenmark darunterrühren, mit dem Essig ablöschen, dann die gewürfelten Tomaten hinzufügen und 4–5 Minuten bei schwacher Hitze mitköcheln lassen. Den Dip mit Salz, Pfeffer abschmecken, vom Herd nehmen und auskühlen lassen. Zuletzt den gehackten Basilikum daruntermischen.

Für die Röllchen den Spargel etwa 5 Minuten in kochendem Salzwasser garen, abgießen und kalt abschrecken. Die Stangen in etwa 1 cm breite Stücke schneiden.

Den Frischkäse mit Parmesan und Semmelbröseln verrühren. Mit Salz, Pfeffer und Zitronensaft abschmecken und in einen Spritzbeutel füllen.

Die Ränder der Teigblätter mit etwas verquirltem Eiweiß bestreichen. Knapp unterhalb der Mitte etwa 5 kleine Tupfer Parmesancreme auf das Teigblatt spritzen. Dazwischen jeweils ein Spargelstück setzen. Den Teig aufrollen und die Enden fest zusammendrücken. Die Spargelröllchen in einer großen Pfanne in heißem Butterschmalz rundum goldbraun und knusprig backen, dann auf Küchenpapier abtropfen lassen und am besten heiß mit dem Dip servieren.

Spargel-Wan-Tans in würzigem Curry-Kokos-Sud

2 Schalotten, klein gewürfelt
20 g Ingwer, geschält, fein geschnitten
1 kleine Chilischote, längs halbiert, entkernt,
    fein geschnitten
1 EL Olivenöl
½ l Gemüsebrühe
12 dünne grüne Spargelstangen, geputzt,
    holzige Enden entfernt
8 Wan-Tan-Teigblätter
1 Eiweiß, verklopft
1 TL Currypulver
150 ml Kokosmilch, ungesüßt
Salz, Pfeffer aus der Mühle, Zucker

Schalotten, Ingwer und Chili im heißen Öl
andünsten. Die Gemüsebrühe dazugießen,
aufkochen, den Spargel dazugeben und
etwa 4 Minuten darin garen. Herausheben,
die Spargelspitzen etwa 4 cm lang abschneiden und der Länge nach halbieren, die
restlichen Stangen in etwa ½ cm breite
Stücke schneiden.
Die Wan-Tan-Teigblätter auf der Arbeitsfläche auslegen. Auf die untere Hälfte des
Teigblatts jeweils dicht nebeneinander
3 halbierte Spargelspitzen legen. Den Teig-
rand dünn mit Eiweiß bestreichen, die
obere Teighälfte über die Spargelspitzen
legen und den Rand fest zusammendrücken.
Die Wan-Tans in den köchelnden Sud geben
und darin 1 Minute garen. In vorgewärmte
tiefe Teller jeweils 2 Wan-Tans und einige
Spargelstückchen geben.
Den Sud durch ein feines Sieb gießen,
Curry und Kokosmilch darunterrühren,
nochmals aufkochen und mit Salz, Pfeffer
und etwas Zucker abschmecken. In die
Teller verteilen und mit etwas Curry und
wenig grob gemahlenem Pfeffer bestreut
servieren.

Gegrillte Spargel-Speck-Spieße

24 weiße Spargelspitzen, ca. 6 cm lang
36 grüne Spargelspitzen, ca. 6 cm lang
12 lange Scheiben Frühstücksspeck
50 g Butter, geschmolzen
Pfeffer aus der Mühle, etwas Meersalz

Die Spargelspitzen in kochendem Salzwasser etwa 4 Minuten bissfest garen.
Abgießen und in Eiswasser abschrecken.
Auf 12 Holzspieße jeweils abwechselnd
zwei weiße und drei grüne Spargelspitzen
stecken und jeweils eine Scheibe Speck
wellenartig mit aufspießen. Die Spieße mit
flüssiger Butter bepinseln und auf dem
heißen Grill oder in der Grillpfanne auf
jeder Seite etwa 4 Minuten grillen. Dabei
mit Pfeffer und wenig Salz würzen.

Tipp:
Dazu passt gut eine Barbecue-Sauce.

Spargel-Wan-Tans in würzigem Curry-Kokos-Sud

Cappuccino von grünem Spargel und Parmesan

8 Grissinistangen
100 g Parmaschinken
500 g grüner Spargel, holziges Ende entfernt
1–2 EL Walnussöl
Salz, Cayennepfeffer, Zucker
150 ml Milch
50 g Parmesan, frisch gerieben
50 g weiche Butter
Muskatnuss

Die Grissini mit dem Parmaschinken umwickeln.

Die Spargelstangen in kleine Stücke schneiden und in kochendem Salzwasser etwa 8 Minuten weich garen. Abgießen und abtropfen lassen, dann im Mixer mit dem Walnussöl fein pürieren. Mit Salz, Cayennepfeffer und einer kleinen Prise Zucker würzig abschmecken. Drei Viertel des Spargelpürees in Cappuccinotassen verteilen. Vom Spargelkochwasser $\frac{1}{4}$ l abmessen und zusammen mit der Milch aufkochen. Den Parmesan nach und nach beigeben, darunterrühren und darin auflösen. Die Butter und das restliche Spargelpüree hinzufügen und das Ganze mit dem Pürierstab schaumig aufmixen.

Den Schaum auf dem grünen Spargelpüree in den Tassen verteilen und mit frisch geriebener Muskatnuss bestreuen. Mit den Grissinistangen servieren.

Scharfe Asia-Nudel-Suppe mit Thaispargel

¾ l kräftige Rindsbouillon
1 rote Chilischote, längs halbiert, entkernt, in feine Streifen geschnitten
150 g breite Asia-Nudeln
400 g dünne Thaispargel oder ersatzweise wilder Spargel, Enden um ca. 2 cm gekürzt
3 Stangen Frühlingslauch, geputzt, möglichst fein geschnitten
3 EL Sojasauce
2 EL Sesamöl
1–2 EL Sweet-Chili-Sauce

Die Bouillon mit den Chilistreifen aufkochen, die Hitze reduzieren, die Nudeln dazugeben und 3 Minuten leise köcheln lassen. Den Spargel hinzufügen und 2 Minuten mitköcheln.

Nudeln und Spargel in tiefe Suppenschalen verteilen. Die Bouillon mit Sojasauce, Sesamöl und Sweet-Chili-Sauce abschmecken, in die Schalen gießen und mit dem fein geschnittenen Lauch bestreut servieren.

Cappuccino von grünem Spargel und Parmesan   29

Spargel mit Kartoffel-Zwiebel-Maultaschen in Schinkenbouillon

Für 4–6 Personen

Maultaschen:
2 Eier
200 g Mehl
1 EL Olivenöl
3 mittelgroße Zwiebeln, gewürfelt
30 g Butterschmalz
1 EL Zucker
100 g Kartoffeln, weich gekocht
Salz, Pfeffer aus der Mühle

500 g Schinkenschwarte (beim Metzger
    vorbestellen), in Stücke geschnitten
1 EL Speiseöl
¾ l kräftige Fleischbouillon
500 g dünne weiße Spargelstangen, geschält,
    holzige Enden entfernt
500 g dünne grüne Spargelstangen, holzige
    Enden entfernt
ca. 150 g gekochter Schinken, in dünne
    Streifen geschnitten
2 kleine Zwiebeln, in dünne Ringe geschnitten
1 EL Butter

Eier, Mehl, Öl und etwas Salz zu einem glatten, geschmeidigen Nudelteig kneten. Diesen in Folie wickeln und 1 Stunde kühl stellen.

Inzwischen die Zwiebeln im heißen Butterschmalz andünsten. Mit dem Zucker bestreuen, die Zwiebeln leicht karamellisieren lassen und bei schwacher Hitze unter gelegentlichem Umrühren etwa 15 Minuten weich schmoren. Abkühlen lassen. Die Kartoffeln mit einer Gabel zerdrücken und mit den geschmorten Zwiebeln vermischen. Die Masse mit Salz und Pfeffer würzig abschmecken.

Den Nudelteig zu einer länglichen, möglichst dünnen Bahn ausrollen. Die Kartoffel-Zwiebel-Masse etwa ½ cm dick darauf ausstreichen. Den Nudelteig von der Längsseite her aufrollen, so dass eine lange, etwa 2–3 cm dicke Wurst entsteht. Diese mit dem Stiel eines Kochlöffels im Abstand von 3–4 cm eindrücken und mit einem Teigrad durchtrennen. Die Maultaschen bis zur weiteren Verwendung in das Gefrierfach geben.

Die Schinkenschwarte in etwas heißem Öl in einem Topf anbraten. Die Bouillon dazugießen und bei schwacher Hitze 30 Minuten ziehen lassen. Die Schwartenstücke aus der Bouillon nehmen, die Spargelstangen hineingeben und darin etwa 12 Minuten weich kochen. Etwa 5 Minuten vor Ende der Garzeit die Maultaschen hinzufügen und mitgaren.

Inzwischen die Zwiebelringe in einer Pfanne in der zerlassenen Butter goldbraun rösten.

Die Spargel mit den Maultaschen in tiefe Teller verteilen, die heiße Bouillon darübergießen und mit Schinkenstreifen und gerösteten Zwiebelringen bestreut servieren.

Spargelcremesuppe mit Krabben

Spargelcremesuppe mit Krabben

600 g weißer Spargel, geschält,
    holzige Enden entfernt
700 ml Geflügelfond
150 g Krabben
2 EL Olivenöl
1 TL Ahornsirup
1 EL gehackter Dill
½ Limette, Saft
200 ml Rahm
Salz, Pfeffer aus der Mühle, Zucker
80 g kalte Butterwürfelchen
3–4 EL Weißwein
100 g Crème fraîche

Die Spargelstangen zusammenbinden und
zusammen mit den Schalen und den abge-
schnittenen holzigen Enden im leicht
kochenden Geflügelfond 15 Minuten garen.
Die Spargel aus dem Geflügelfond heben,
die Brühe durch ein feines Sieb gießen und
um etwa ein Drittel einkochen lassen.
Vom gekochten Spargel die Spitzen
abschneiden und mit Krabben, Olivenöl,
Ahornsirup und Dill vermischen, mit Salz,
Pfeffer und einem Spritzer Limettensaft
abschmecken.
Die Spargelstangen in kleine Stücke
schneiden und mit der Brühe und dem
Rahm im Mixer fein pürieren. Die Suppe
zurück auf den Herd stellen und mit Salz,
Pfeffer und Zucker abschmecken. Nach
und nach Butter, Weißwein und Crème
fraîche daruntermixen.
Die Suppe in tiefe Teller oder Tassen füllen,
die Spargel-Krabben-Mischung dazugeben
und mit gezupftem Dill garnieren.

Spargelbouillon mit Schnittlauch-Quark-Nockerl

6 weiße Spargelstangen, geschält, holzige
    Enden entfernt
6 grüne Spargelstangen, holzige Enden
    entfernt
¾ l Gemüsebouillon

Nockerl:
150 g Magerquark
1 Eigelb
10 g weiche Butter
2 Bund Schnittlauch, fein geschnitten
2 EL Mehl
Salz, Pfeffer aus der Mühle

fein geschnittener Schnittlauch

Die Spargelstangen schräg in dünne
Scheiben schneiden.
Die Bouillon zusammen mit den abgeschnit-
tenen Spargelenden und den Spargelschalen
erhitzen und bei mittlerer Temperatur etwa
15 Minuten köcheln lassen.
Den Quark mit Eigelb, Butter, Schnittlauch
und Mehl glattrühren und mit Salz und
Pfeffer abschmecken. Aus der Quarkmasse
mit Hilfe von 2 Esslöffeln Nocken abstechen
und diese in siedendem Salzwasser etwa
10 Minuten ziehen lassen.
Die Spargelbouillon durch ein feines Sieb
passieren und nochmals erhitzen. Die Spargelscheiben dazugeben und in der heißen
Brühe etwa 6 Minuten garen. Die Bouillon
mit Salz und Cayennepfeffer abschmecken.
Die Schnittlauch-Quark-Nockerl mit der
Bouillon und den Spargelscheiben in tiefe
Teller oder Tassen verteilen und mit
Schnittlauch bestreut servieren.

Spargelbouillon mit Schnittlauch-Quark-Nockerl

Pasta & Co.

Spargel à la carbonara mit Erbsen-Tortellini

Für 4–6 Personen

Tortellini:
250 g Mehl
1 Ei
2 Eigelb
1 EL Olivenöl
500 g frische oder tiefgekühlte Erbsen
75 g Butter
Salz, Cayennepfeffer, Zucker
½ Limette, Saft
1 Eigelb, verklopft, zum Bestreichen

Carbonara:
1 kg weißer Spargel, geschält,
    holzige Enden entfernt
1 Zwiebel, fein gewürfelt
150 g Speck, klein gewürfelt
50 g Butter
300 ml Rahm
150 ml kräftige Fleischbrühe
Salz, Pfeffer aus der Mühle, Muskatnuss
3 Eigelb
80 g Parmesan, frisch gerieben

Mehl, Ei und Eigelbe mit etwas Salz und dem Öl zu einem glatten Teig kneten. Diesen in Folie gewickelt 1 Stunde im Kühlschrank ruhen lassen. Inzwischen die Erbsen in kochendem Salzwasser etwa 5 Minuten garen, abschütten und mit kaltem Wasser abschrecken. Ein Drittel der Erbsen beiseite stellen. Die restlichen zwei Drittel in ein Tuch geben und fest auspressen. Die Butter in einem Pfännchen erhitzen, bis sie haselnussbraun ist. Zusammen mit den zerdrückten Erbsen im Mixer fein pürieren. Mit Salz, Cayennepfeffer, etwas Zucker und einem Spritzer Limettensaft abschmecken. Das Erbsenpüree in einen Spritzbeutel füllen.

Den Nudelteig dünn ausrollen und in etwa 6 × 6 cm große Quadrate schneiden. Jeweils einen Tupfer Ebsenpüree in die Mitte jedes Teigquadrats spritzen, den Rand mit dem verklopften Eigelb dünn bestreichen, den Teig zusammenklappen, den Rand fest zusammendrücken und zu Tortellini formen. Diese bis zur weiteren Verwendung im Gefrierfach aufbewahren. Die Spargelstangen in etwa 3 cm breite Stücke schneiden. Zwiebel und Speck in der zerlassenen Butter andünsten. Rahm und Brühe hinzufügen und bei schwacher Hitze unter gelegentlichem Umrühren 12–14 Minuten leise kochen lassen. Den Spargel herausheben. Die Sauce mit Salz, Pfeffer und Muskat abschmecken, vom Herd nehmen und zuerst die Eigelbe, danach den Parmesan darunterrühren. Die Sauce unter Rühren nochmals auf dem Herd so lange erwärmen (nicht mehr kochen lassen!), bis sie eine sämige Bindung erreicht. Die Spargelstücke wieder daruntermischen. Warm halten.
Gleichzeitig die Erbsen-Tortellini zusammen mit den beiseite gestellten Erbsen in kochendem Salzwasser etwa 5 Minuten garen. Abschütten, in etwas zerlassener Butter schwenken und mit den Spargeln servieren.

Tipp:
Dies ist auch ein wunderbares Gericht für Vegetarier! Einfach den Speck weglassen und anstelle der Fleisch- eine Gemüsebrühe verwenden.

Gebratener Spargel mit Bärlauchgnocchi

700 g weißer Spargel, möglichst dicke
   Stangen, geschält, holzige Enden entfernt

Gnocchi:
80 g Bärlauch, gewaschen, trocken-
   geschleudert
250 g Ricotta
2 Eigelbe
50 g Parmesan, gerieben
100 g Mehl
Salz, Pfeffer aus der Mühle

50 g Butter
30 g Parmesan, frisch gehobelt

Die Spargelstangen in kochendem Salzwasser 6–8 Minuten kochen, abschütten,
kalt abschrecken und schräg in etwa 2 cm
breite Stücke schneiden.
Den Bärlauch grob zerkleinern und
zusammen mit dem Ricotta im Mixer fein
pürieren. Eigelbe, Parmesan und Mehl
dazugeben, mit Salz und Pfeffer kräftig
würzen und alles zu einem glatten Teig ver-
kneten. Den Gnocchiteig in vier Portionen
teilen, diese auf der bemehlten Arbeitsfläche zu Rollen formen und diese in etwa
2 cm lange Stücke schneiden. Die Gnocchi
in leicht kochendem Salzwasser etwa 5 Minuten garen. Herausheben, etwas abtropfen
lassen und zusammen mit den Spargelstücken in einer großen beschichteten
Pfanne in der zerlassenen Butter anbraten.
Mit frisch gehobeltem Parmesan bestreut
servieren.

Safranrisotto mit Spargel

500 g grüner Spargel, holzige Enden entfernt,
   schräg in ca. 2 cm breite Stücke
   geschnitten
3 EL Olivenöl
Salz, Zucker
150 ml Weißwein

2 Schalotten, fein gewürfelt
30 g Butter
200 g Risottoreis
1 g Safranfäden
¾ l Geflügelbrühe
60 g Parmesan, frisch gerieben
30 g weiche Butter
Cayennepfeffer
½ Zitrone, abgeriebene Schale

Die Spargelspitzen beiseite legen. Die in
Stücke geschnittenen Stangen im heißen
Olivenöl andünsten, dabei mit Salz und
Zucker würzen. Den Wein dazugießen,
5 Minuten köcheln lassen, dann die Spitzen
dazugeben. Beiseite stellen.
Die Schalotten in der zerlassenen Butter
andünsten, Reis und Safran hinzufügen und
kurz mitdünsten. Ein Drittel der Brühe
dazugießen und bei mittlerer Hitze köcheln
lassen, bis der Reis die Flüssigkeit aufgesogen hat, dabei öfter umrühren. Nach und
nach die restliche Brühe hinzufügen. Nach
rund 15 Minuten, wenn der Reis noch
etwas Biss hat, die Spargelstücke samt Sud
darunterrühren und weitere 5 Minuten leise
köcheln lassen. Zuletzt den Parmesan und
die Butter darunterrühren und mit Salz,
Cayennepfeffer und Zitronenschale abschmecken.

Gebratener Spargel mit Bärlauchgnocchi

Safranrisotto mit Spargel

Spargelcurry

600 g weißer Spargel, möglichst dicke
    Stangen, geschält, holzige Enden entfernt
400 g grüner Spargel, holzige Enden entfernt
2–3 EL Erdnussöl
2 Schalotten, fein gewürfelt
1 Knoblauchzehe, fein gehackt
20 g Ingwer, geschält, fein gewürfet
2–3 TL Currypulver
1 EL brauner Zucker
½ l Kokosmilch
1 EL gelbe Currypaste
Salz
1 TL Speisestärke, mit etwas kaltem Wasser
    angerührt
3 Stangen Frühlingslauch, geputzt, in feine
    Scheiben geschnitten

Die Spargelstangen in 2–3 cm breite Stücke
schneiden. In einem weiten Topf das Erdnussöl erhitzen, Schalotten, Knoblauch und
Ingwer zusammen mit den Spargelstücken
darin andünsten. Mit Curry und Zucker
bestreuen und kurz mit andünsten. Die
Kokosmilch dazugießen und die Currypaste
darunterrühren. Das Ganze bei schwacher
Hitze 12–14 Minuten offen leise köcheln
lassen, dabei gelegentlich umrühren. Der
Spargel sollte gar sein, aber noch etwas Biss
haben. Das Curry mit Salz abschmecken und
mit etwas angerührter Speisestärke leicht
binden. Das fertige Curry mit dem fein
geschnittenen Frühlingslauch bestreuen
und zusammen mit Thaireis servieren.

Grüner und weißer Spargel mit Lasagnenudeln, Camembert und Salbeibutter

6 Lasagneteigblätter
3 EL Olivenöl
300 g Camembert, in 1 cm dicke Scheiben
    geschnitten
ca. 700 g dünne weiße Spargelstangen,
    geschält, holzige Enden entfernt
ca. 700 g dünne grüne Spargelstangen,
    holzige Enden entfernt
100 g Butter
6–8 Salbeiblätter
Meersalz, schwarzer Pfeffer aus der Mühle

Die Lasagneteigblätter in kochendem Salzwasser bissfest garen. Abschütten,
abtropfen lassen, halbieren, mit Öl beträufeln und warm halten.
Gleichzeitig die Spargelstangen in kochendem Salzwasser 6–8 Minuten garen. Herausheben, abtropfen lassen. In einer großen
Pfanne die Butter aufschäumen lassen und
darin die Spargelstangen mit den Salbei-
blättern schwenken.
Die weißen und die grünen Spargelstangen
abwechselnd mit den Nudelteigblättern und
den Camembertscheiben auf Teller schichten.
Die Salbeibutter darüberträufeln und mit
etwas Meersalz und frisch gemahlenem
Pfeffer bestreuen.

Spargel-Makkaroni-Bündel im Speckmantel mit süß-scharfer Tomatensalsa

Tomatensalsa:

1 Zwiebel, fein gewürfelt

2 Knoblauchzehen, fein gehackt

1 rote Chilischote, längs halbiert, entkernt, fein gewürfelt

2 EL Olivenöl

2 EL brauner Zucker

1 EL Tomatenmark

4 Tomaten, geviertelt, entkernt, gewürfelt

6 dünne Stangen weißer Spargel, geschält, holzige Enden entfernt

200 g dünner Thaispargel (ersatzweise dünne grüne Spargelstangen), geputzt

80 g lange Makkaroni

12 Scheiben Frühstücksspeck

4 EL Olivenöl

Salz, Pfeffer aus der Mühle

ca. 50 g Butter

Zwiebel, Knoblauch und Chili im heißen Olivenöl andünsten. Mit dem Zucker bestreuen und diesen karamellisieren lassen. Dann das Tomatenmark darunterrühren und zuletzt die gewürfelten Tomaten hinzufügen und etwa 15 Minuten bei schwacher Hitze köcheln lassen. Mit Salz und Pfeffer abschmecken.

Inzwischen den Spargel in kochendem Salzwasser bissfest garen. Herausheben, kalt abschrecken und die weißen Spargelstangen der Länge nach halbieren.

Das Spargelwasser erneut aufkochen und die Makkaroni darin bissfest kochen. Abgießen und abtropfen lassen. Die Makkaroni in die gleiche Länge wie die Spargel schneiden.

Jeweils einige Spargel und Makkaroni zu einem Bündel legen und mit den Speckscheiben umwickeln. Die Päckchen im heißen Olivenöl rundum anbraten, dabei mit Salz und Pfeffer würzen. Zum Schluss die Butter in die Pfanne geben, die Bündel darin schwenken und auf der Tomatensalsa anrichten.

Spargelragout
mit Käse-Schinken-Toast

500 g weißer Spargel, geschält,
   holzige Enden entfernt
500 g grüner Spargel, holzige Enden entfernt
50 g Butter
2 TL Mehl
200 ml Rahm
Salz, Pfeffer aus der Mühle, Muskatnuss
½ Zitrone, Saft

8 Scheiben Toastbrot
4 Scheiben Emmentalerkäse
4 Scheiben gekochter Schinken
3 Eier, verquirlt
50 g Butterschmalz

Die Spargelschalen und die holzigen Enden mit 1 Liter kaltem Wasser, etwas Salz und Zucker in einen Topf geben, aufkochen und etwa 20 Minuten ziehen lassen. Den Sud durch ein Sieb abgießen, wieder auf den Herd stellen und aufkochen. Den weißen Spargel in den kochenden Sud geben und darin etwa 6 Minuten garen. Dann den grünen Spargel hinzufügen und weitere 6 Minuten mitgaren. Die Spargelstangen herausheben und in Stücke scheiden. Den Sud durch ein Sieb gießen und davon 300 ml abmessen.

Die Butter in einem Topf aufschäumen lassen, das Mehl einstreuen, nach und nach den Spargelsud, dann den Rahm darunterrühren, bis eine sämige Sauce entstanden ist. Mit Salz, Pfeffer, Muskatnuss und Zitronensaft kräftig würzen. Die Spargelstücke darunterheben und warm halten.

Die Hälfte der Toastbrotscheiben mit je einer Käse- und einer Schinkenscheibe belegen und mit einer zweiten Brotscheibe bedecken. Die Käse-Schinken-Toasts in dem verquirlten Ei wenden und in einer beschichteten Pfanne im Butterschmalz portionsweise goldbraun ausbacken. Die gebackenen Toasts diagonal halbieren und mit dem Spargelragout servieren.

Aus dem Ofen

Spargel-Gnocchi-Gratin mit Schinken und Paprikarahm

Für 4–6 Portionen

Gnocchi:
500 g mehligkochende Kartoffeln
50 g Ricotta
2 Eigelb
150 g Mehl
50 g Hartweizengrieß
1 EL Speisestärke
Salz, Pfeffer aus der Mühle, Muskatnuss

2 rote Paprikaschoten, halbiert, entkernt, gewürfelt
1 Zwiebel, fein gewürfelt
2 Knoblauchzehen, fein gehackt
2 EL Olivenöl
200 ml Gemüsefond
150 ml Rahm
Butter für die Form

200 g weißer Spargel, geschält, holzige Enden entfernt
300 g grüner Spargel, holzige Enden entfernt
200 g gekochter Schinken, klein gewürfelt
100 g gut schmelzender Käse, gerieben
1 EL abgezupfte Thymianblätter

Die Kartoffeln mit der Schale in Salzwasser weich kochen. Abschütten und etwas abkühlen lassen. Dann die Kartoffeln schälen und zusammen mit dem Ricotta durch eine Kartoffelpresse in eine Schüssel drücken. Eigelbe, Mehl, Grieß und Stärke hinzufügen, mit Salz, Pfeffer und Muskat kräftig würzen und alles zu einem glatten Teig kneten. Aus dem Teig auf der mit Mehl bestäubten Arbeitsfläche kleine Gnocchi formen (siehe Seite 38).

Die Gnocchi in reichlich kochendem Salzwasser 3–4 Minuten garen. Mit einem Sieblöffel herausheben, kalt abschrecken und abtropfen lassen.

Den Ofen auf 200 Grad vorheizen.

Zwiebel, Knoblauch und Paprika im heißen Olivenöl andünsten. Gemüsefond und Rahm dazugießen und bei mittlerer Hitze etwa 15 Minuten köcheln lassen. Alles fein pürieren und mit Salz und Pfeffer kräftig abschmecken. Die Paprikarahmsauce in eine ausgebutterte Auflaufform gießen.

Die Spargelstangen in kochendem Salzwasser etwa 5 Minuten blanchieren, abgießen, kalt abschrecken und in etwa 3 cm breite Stücke schneiden.

Spargel, Gnocchi und Schinken mischen, auf dem Paprikarahm verteilen und mit Käse und Thymian bestreuen. Den Gratin im vorgeheizten Ofen 20–25 Minuten backen.

Tipp:
Wenn es schneller gehen soll, können Sie den Gratin natürlich auch mit gekauften Gnocchi aus dem Kühlregal zubereiten.

Spargelauflauf

Für 4–6 Portionen

1 kg dünne weiße Spargelstangen
    (ca. 24 Stangen), geschält, holzige Enden
    entfernt
2 Schalotten, gewürfelt
75 g Butter
100 ml Weißwein
2–3 Zitronenscheiben

400 g Weißbrot
8 dünne Scheiben gekochter Schinken
Butter für die Form
2 Eier
3 Eigelb
150 g Crème double
Salz, Pfeffer aus der Mühle, Muskatnuss
100 g Bergkäse, fein gerieben

Die Spargelschalen in ein Tuch geben und
den Saft in eine Schüssel pressen.
In einem weiten Topf die Schalotten in der
zerlassenen Butter andünsten. Die Spargelstangen und den ausgepressten Spargelsaft
dazugeben, den Wein dazugießen und die
Zitronenscheiben auf den Spargel legen.
Den Spargel zugedeckt bei schwacher Hitze
etwa 8 Minuten garen. Herausheben, den
Spargelfond durch ein Sieb gießen und
beiseite stellen.
Den Ofen auf 180 Grad vorheizen. Das
Brot in 8 etwa 2–3 mm dünne Scheiben
schneiden. (Dies geht am besten mit der
Aufschnittmaschine und wenn das Brot
leicht angefroren ist.) Auf jede Brotscheibe
eine Scheibe Schinken und 3 Spargelstangen legen, fest einrollen und nebeneinander in eine gebutterte Auflaufform legen.
Den beiseite gestellten Spargelfond mit
Eiern, Eigelben und Crème double verquirlen. Mit Salz, Pfeffer und Muskatnuss
würzen. Den Guss gleichmäßig über die
eingewickelten Spargelstangen gießen und
alles mit dem Käse bestreuen. Den Auflauf
im vorgeheizten Ofen etwa 30 Minuten
überbacken.

Spargeltortilla

5 weiße Spargelstangen, geschält,
    holzige Enden entfernt
5 grüne Spargelstangen, holzige Enden
    entfernt
8 Eier
100 g gut schmelzender Käse, gerieben
Salz, Pfeffer aus der Mühle
2 EL Olivenöl
1 Zwiebel, fein gewürfelt
200 g Chorizo-Wurst, geschält, in Scheiben
    geschnitten

Den Ofen auf 200 Grad vorheizen.
Die Spargelstangen in 2–3 cm lange Stücke
schneiden und in kochendem Salzwasser
etwa 6 Minuten garen. Abschütten und in
kaltem Wasser abschrecken.
Die Eier mit dem Käse verquirlen und mit
Salz und Pfeffer würzen.
Das Öl in einer ofenfesten Pfanne erhitzen
und die Zwiebel darin andünsten. Die Spargelstücke hinzufügen und kurz mitdünsten,
die Wurstscheiben darauf verteilen und die
Eier-Käse-Mischung darübergießen. Die
Pfanne in den vorgeheizten Ofen stellen
und die Tortilla etwa 25 Minuten backen.

Spargel-Flammkuchen

Spargel-Flammkuchen

Für 4 Flammkuchen

Teig:
15 g Hefe
125 ml lauwarmes Wasser
250 g Mehl
1 Prise Salz

8 weiße Spargelstangen, geschält,
    holzige Enden entfernt
8 grüne Spargelstangen, holzige Enden
    entfernt
100 g Räucherspeck, in feine Streifen
    geschnitten
300 g Crème fraîche
Meersalz, Pfeffer aus der Mühle
4 EL Olivenöl zum Beträufeln

Die Hefe in das lauwarme Wasser bröseln
und glattrühren. Mehl und Salz hinzufügen
und alles zu einem glatten Teig kneten.
Den Teig etwa 30 Minuten gehen lassen.
In der Zwischenzeit die Spargelstangen
schräg in möglichst dünne Scheiben
schneiden.
Den Ofen auf 250 Grad vorheizen.
Den Teig in vier Portionen teilen und auf
der bemehlten Arbeitsfläche sehr dünn
ausrollen. Die Teigfladen auf ein gefettetes
Blech oder auf runde Pizzableche legen.
Die Teigböden mit der Crème fraîche gleichmäßig bestreichen, Spargelscheiben und
Speckstreifen darauf verteilen, mit Meersalz
und Pfeffer kräftig würzen und mit dem
Öl beträufeln. Im vorgeheizten Ofen
12–15 Minuten backen.

Spargel und junge Karotten in der Papierhülle geschmort

100 g Butter, flüssig
Salz, Pfeffer aus der Mühle, Zucker
16 Stangen weißer Spargel, geschält,
    holzige Enden entfernt
8 junge Karotten, geschält, der Länge
    nach halbiert
1 Limette, halbiert, in Scheiben geschnitten
2 Vanilleschoten, längs halbiert
1 Eigelb, verquirlt

Den Ofen auf 200 Grad vorheizen. Ein Stück
Backpapier (ca. 30 × 30 cm) in eine Auflaufform legen. Die Hälfte der Butter darauf
verteilen und mit Salz, Pfeffer und Zucker
bestreuen. Spargel und Karotten mit den
Limettenscheiben und den halbierten
Vanilleschoten darauflegen, alles mit der
restlichen Butter beträufeln und nochmals
mit Salz, Pfeffer und etwas Zucker
bestreuen.
Die Ränder des Backpapiers mit Eigelb
bepinseln, ein zweites Stück Backpapier in
der gleichen Größe darauflegen und beide
Bögen an den Kanten doppelt zusammen-
falzen, so dass es dicht ist und kein Dampf
entweichen kann. Im vorgeheizten Ofen
etwa 25 Minuten schmoren.

Tipp:
Anstelle eines großen Päckchens vier kleine
Portionspäckchen machen!

Spargel und junge Karotten in der Papierhülle geschmort

Spargelpizza

Für 4 kleine Pizzen

Teig:
25 g Hefe
¼ l lauwarmes Wasser
400 g Weizenmehl
1 TL Salz

1 Schalotte, fein gewürfelt
2 Knoblauchzehen, fein gehackt
2 EL Olivenöl
1 EL Tomatenmark
150 g gehackte Dosentomaten
1–2 EL Honig
2 TL getrockneter Oregano
Salz, Pfeffer aus der Mühle
16 Stangen grüner Spargel, holzige Enden
    entfernt, schräg in dünne Scheiben
    geschnitten
80 g italienische Salami, geschält, in dünne
    Scheiben geschnitten
150 g Pizzakäse, geraspelt (Fertigmischung
    oder Mozzarella und andere gut schmel-
    zende Käsesorten gemischt)
3–4 EL Olivenöl

Die Hefe in das lauwarme Wasser bröckeln und glattrühren. Mehl und Salz hinzufügen und alles zu einem glatten, geschmeidigen Teig kneten. Den Teig in 4 gleich große Stücke teilen, jedes zu einer Kugel formen und zugedeckt an einem warmen Ort etwa 1 Stunde aufgehen lassen.

Inzwischen Schalotte und Knoblauch im heißen Olivenöl andünsten. Tomatenmark, Tomaten, Honig und Oregano hinzufügen, mit Salz und Pfeffer würzen und etwas einköcheln. Abkühlen lassen.

Den Ofen auf 210 Grad vorheizen.

Die Teigkugeln auf der bemehlten Arbeitsfläche zu vier runden, flachen Fladen ausrollen und diese auf ein mit Backpapier belegtes Blech legen. Die Teigfladen zuerst gleichmäßig mit der Tomatensauce bestreichen, dabei einen kleinen Rand frei lassen, anschließend mit dem Käse bestreuen und mit den Spargel- und Salamischeiben dicht belegen. Mit etwas Olivenöl beträufeln und im vorgeheizten Ofen etwa 15 Minuten backen.

Spargelstrudel
mit Kräuterrahm

800 g weißer Spargel, geschält,
    holzige Enden entfernt
2 Strudelteigblätter, fertig aus dem Kühlregal
100 g Butter, flüssig
50 g Parmesan, frisch gerieben
Salz, Pfeffer aus der Mühle, Zucker

Kräuterrahm:
200 g Sauerrahm
100 g gemischte Kräuter (z. B. Petersilie,
    Kerbel, Estragon, Schnittlauch, Kresse,
    Pimpernelle, Dill, Sauerampfer), grob
    gehackt
2–3 EL Mayonnaise
1 TL Senf
Salz, Cayennepfeffer
½ Zitrone, Saft

Die Spargelstangen in kochendem Salzwasser etwa 5 Minuten garen. Abgießen,
kalt abschrecken und trockentupfen.
Den Ofen auf 200 Grad vorheizen.
Ein Strudelteigblatt auf ein Küchentuch
legen, dünn mit Butter bestreichen, das
zweite Teigblatt darauflegen und dieses
ebenfalls mit Butter bestreichen. Mit dem
Parmesan gleichmäßig bestreuen und die
vorgegarten Spargelstangen in einer länglichen Bahn auf den Strudelteig legen. Mit
Salz, Pfeffer und einer Prise Zucker würzen.
Den Teig mit Hilfe des Tuchs zu einem
Strudel einrollen, den Teig an den Enden
zusammendrücken. Den Strudel mit der
restlichen Butter bestreichen und im vorgeheizten Ofen 15–20 Minuten goldbraun
backen.
Inzwischen den Sauerrahm mit Kräutern,
Mayonnaise und Senf im Mixer fein
pürieren. Mit Salz, Cayennepfeffer und
Zitronensaft abschmecken.
Den fertig gebackenen Strudel mit einem
Sägemesser in Stücke schneiden und mit
der Kräutersauce servieren.

Spargel-Speck-Muffins

Für 12 Muffins

100 g weißer Spargel, geschält,
    holzige Enden entfernt
200 g grüner Spargel, holzige Enden entfernt
150 g Speck, klein gewürfelt
250 g Crème fraîche
50 ml Milch
50 ml Sonnenblumenöl
2 Eier
300 g Mehl
100 g Gouda oder Emmentaler, gerieben
1 Päckchen Backpulver

Die Spargelstangen etwa 5 Minuten in
kochendem Salzwasser garen, abgießen und
in etwa 1 cm breite Stücke schneiden. Den
Speck in einer Pfanne bei schwacher Hitze
langsam auslassen.
Den Ofen auf 180 Grad vorheizen. Die Ver-
tiefungen eines Muffinblechs mit Papierförmchen auslegen.
Die Crème fraîche mit Milch, Öl und Eiern
verrühren. Den ausgelassenen Speck und
die Spargelstückchen darunterheben. Mehl,
Käse und Backpulver mischen und unter
den Teig rühren. Die Papierförmchen zu
zwei Dritteln mit der Masse füllen. Im vorgeheizten Ofen etwa 20 Minuten goldbraun
backen.

Spargel-Speck-Muffins

Spargel-Focaccia mit Tomaten und Champignons

Für 4 Focaccie

Teig:
20 g frische Hefe
½ l lauwarmes Wasser
1 TL Zucker
6 EL Olivenöl
1 Prise Salz
750 g Weizenmehl

800 g grüner Spargel, holzige Enden entfernt
1 Zwiebel, fein gewürfelt
2 Knoblauchzehen, fein gehackt
1 Zweig Rosmarin, Nadeln fein gehackt
2 Zweige Thymian, Blättchen gehackt
4 EL Olivenöl
8 kleine Eiertomaten (Roma),
    in dünne Scheiben geschnitten
ca. 12 Champignons, geputzt,
    in dünne Scheiben geschnitten
Meersalz, schwarzer Pfeffer aus der Mühle

Die Hefe in das lauwarme Wasser bröckeln und glattrühren. Zucker, 2 EL Olivenöl, Salz und Mehl hinzufügen und zu einem glatten, geschmeidigen Teig kneten. Den Teig in vier gleich große Portionen teilen, zu Kugeln formen und zugedeckt an einem warmen Ort auf das doppelte Volumen aufgehen lassen.

Inzwischen die Spargelstangen in kochendem Salzwasser 2–3 Minuten garen, abgießen, kalt abschrecken und die Stangen je nach Dicke der Länge nach halbieren. Zwiebel, Knoblauch und Kräuter im heißen Olivenöl kurz andünsten.

Den Ofen auf 220 Grad vorheizen.

Die Teigkugeln zu flachen länglichen Fladen formen und nebeneinander auf ein gut eingeöltes Backblech legen. Den Teig dicht mit den Tomaten- und Champignonscheiben belegen, dabei einen Rand lassen; die Spargelstangen in der Mitte darauflegen und alles mit dem Kräuter-Knoblauch-Öl beträufeln. Die Spargel-Focaccie im vorgeheizten Ofen etwa 15 Minuten backen. Herausnehmen, mit Meersalz und frisch gemahlenem schwarzem Pfeffer bestreuen und am besten sofort genießen.

Tipp:
Die Focaccia, solange sie noch warm ist, mit frisch gehobeltem Parmesan bestreuen.

Spargeltarte mit Bärlauch

Für ein rechteckiges Blech oder eine Form
von 20 × 30 cm

16 Stangen grüner Spargel, holzige Enden
    entfernt
2 Schalotten, fein gewürfelt
2 EL Olivenöl
150 g Bärlauch, geputzt
250 g Filoteig
100 g Butter, flüssig
150 ml Rahm
4 Eier
Salz, Pfeffer aus der Mühle, Muskatnuss
50 g Parmesan, frisch gerieben

Die Spargelstangen in kochendem Salz-wasser etwa 3 Minuten garen, abgießen und in Eiswasser kalt abschrecken.
Die Schalotten im heißen Olivenöl andüns-ten. Den Bärlauch hinzufügen und zusam-menfallen lassen, dann herausnehmen und abkühlen lassen.
Die Filoteigblätter auslegen und in 3 Stücke etwa in der Größe des Blechs schneiden.
Das erste Teigblatt mit flüssiger Butter bestreichen, ein zweites Teigblatt darauf-legen, wiederum mit Butter bepinseln und das dritte Teigblatt darauflegen.
Das Blech oder die Form mit etwas Butter ausstreichen und mit Mehl bestäuben.
Mit dem vorbereiteten Teig auslegen. Den Bärlauch darauf verteilen und die Spargel-stangen nebeneinander darauflegen.
Den Ofen auf 180 Grad vorheizen.
Rahm und Eier miteinander verquirlen, mit Salz, Pfeffer und Muskatnuss würzen und den Guss auf die Spargelstangen gießen. Mit dem Parmesan bestreuen und im vorgeheizten Ofen etwa 30 Minuten backen.

Tipp:
Anstelle von Filoteig kann man auch Stru-delteig oder Blätterteig verwenden.

Hauptgerichte

Gedämpfte Seezungenröllchen mit Thaispargel und Curry-Limetten-Butter

300 g dünner Thaispargel, geputzt, ersatzweise
  dünner grüner Spargel, holzige Enden
  entfernt
6 Seezungenfilets à 80 g, gewaschen,
  trockengetupft

1 rote Chilischote, längs halbiert, entkernt,
  in feine Streifen geschnitten
3 Limetten, Zesten von 1, Saft von allen
  3 Früchten
2 EL Limettenöl oder ersatzweise Olivenöl
150 ml Fischfond
1 EL Currypulver
100 g kalte Butter
Salz, Zucker

Den Spargel in kochendem Salzwasser bissfest blanchieren. Abschütten und in Eiswasser kalt abschrecken.

Die Seezungenfilets schräg halbieren. Auf
jedes Filetstück 4–5 Thaispargel quer darauflegen, die Fischfilets aufrollen und mit
einem Spieß feststecken. Die Röllchen
nebeneinander in einen gebutterten Dämpf-
einsatz legen, mit Salz und Pfeffer würzen.
Die Röllchen in einem passenden Topf über
leicht köchelndem Wasser zugedeckt etwa
10 Minuten dämpfen.

Inzwischen die Chili- und Limettenschalen-
streifen im heißen Limettenöl andünsten.
Mit dem Limettensaft ablöschen, den Fischfond dazugießen und den Curry darunterrühren. Die Flüssigkeit etwas einkochen
lassen, dann den Topf vom Herd nehmen
und die kalte Butter in Flocken darunterrühren. Die Sauce mit Salz und etwas
Zucker abschmecken.

Die gedämpften Seezungenröllchen auf
einer Platte anrichten und die Curry-
Limetten-Butter darüber verteilen.

Tipp:
Als Beilage passt am besten Reis.

Gegrillter Spargel mit Riesengarnelen und süß-scharfer Passionsfrucht-Rum-Butter

Gegrillter Spargel mit Riesengarnelen und süß-scharfer Passionsfrucht-Rum-Butter

1 kg weißer Spargel, geschält,
    holzige Enden entfernt
3 EL Olivenöl
12 Riesengarnelen, geschält, Darm entfernt,
    Schwanzstück daranlassen
Salz, Pfeffer aus der Mühle
80 ml brauner Rum
1 kleine rote Chilischote, längs halbiert,
    entkernt, in feine Streifen geschnitten
3 EL süßer Passionsfruchtsirup
2 Passionsfrüchte, halbiert, Fruchtmark
    herausgekratzt
80 g kalte Butter

Die Spargelstangen in kochendem Salzwasser 4–6 Minuten garen, abschütten und kalt abschrecken. Mit etwas Öl bepinseln und auf dem heißen Grill oder in der Grillpfanne rundum etwa 6 Minuten grillen. Inzwischen die Riesengarnelen zusammen mit dem Chili im restlichen heißen Olivenöl braten, dabei mit Salz und Pfeffer würzen. Mit dem Rum ablöschen, Passionsfruchtsirup und -mark hinzufügen und die Garnelen darin schwenken.
Die gegrillten Spargel auf einer Platte anrichten, die Garnelen darauf verteilen. Die kalte Butter in Flocken unter den Passionsfrucht-Rum-Sud rühren und die Buttersauce über Garnelen und Spargel verteilen.

Spargel-Tomaten-Salat mit gegrilltem Thunfisch

600 g dünne grüne Spargelstangen,
    holzige Enden entfernt
5 EL Olivenöl
8 rote und 8 gelbe Kirschtomaten, halbiert
1 rote Zwiebel, in feine Streifen geschnitten
1 Limette, Saft
1 TL Honig
Salz, Pfeffer aus der Mühle

4 Thunfischsteaks à 150 g, gewaschen,
    trockengetupft
2 EL Olivenöl
3–4 EL fein geschnittener Basilikum

Eine Grillpfanne leer erhitzen. Den Spargel mit 1 Esslöffel Olivenöl hineingeben und etwa 6 Minuten braten, dabei gelegentlich wenden. Die Spargelstangen herausnehmen, schräg halbieren und mit Tomaten und Zwiebeln in eine Schüssel geben. 4 Esslöffel Olivenöl, den Limettensaft und den Honig darüber verteilen und alles locker miteinander mischen. Mit Salz und Pfeffer abschmecken und einige Minuten ziehen lassen.
Inzwischen die Thunfischsteaks mit Salz und Pfeffer würzen. Das Olivenöl in der Grillpfanne erhitzen und den Thunfisch darin auf jeder Seite etwa 1 Minute grillen. Auf dem Salat anrichten und mit Basilikum bestreut servieren.

Tipp:
Frisches Baguette und eine Kräuter-Knoblauch-Mayonnaise sind die idealen Begleiter für dieses leichte Sommergericht.

Spargel-Tomaten-Salat mit gegrilltem Thunfisch

Gegrillte Jakobsmuscheln mit Spargel und Orangen-Vanille-Butter

4 frische Jakobsmuscheln, aus der Schale
    gelöst, geputzt, gewaschen
3 grüne Spargelstangen, holzige Enden
    entfernt
2 weiße Spargelstangen, geschält,
    holzige Enden entfernt
3 Orangen
1 Vanilleschote, ausgekratztes Mark
2 EL Olivenöl
Salz, Pfeffer aus der Mühle, Zucker
80 g kalte Butter

Die gewölbten Schalenhälften der Jakobsmuscheln gründlich reinigen und bereithalten.
Die Spargel schräg in dünne Scheiben
schneiden. Von einer Orange die Schale mit
einem Sparschäler abschälen und in feine
Streifen schneiden. Alle Orangen halbieren
und den Saft auspressen.
Die Spargel zusammen mit den Orangen-
schalenstreifen und dem Vanillemark im
heißen Olivenöl andünsten, dabei mit Salz,
Pfeffer und etwas Zucker würzen. Mit
dem Orangensaft ablöschen und um die
Hälfte einkochen lassen. Die kalte Butter in
Flocken darunterrühren.
Die Jakobsmuscheln mit Salz und Pfeffer
würzen, mit etwas Öl beträufeln und in
einer heißen Grillpfanne auf jeder Seite
3–4 Minuten braten.
Das Spargelgemüse in die Muschelschalen
verteilen, je eine Jakobsmuschel daraufsetzen und die Orangen-Vanille-Butter
darüber verteilen.

Saibling in süß-saurem Zwiebelsud mit Spargel

4 Saiblingsfilets à 120 g, ohne Haut und
    Gräten, gewaschen, trockengetupft
2 rote Zwiebeln, in feine Streifen geschnitten
4 EL Olivenöl
2 EL Honig
50 ml weißer Balsamicoessig
200 ml Fischfond
30 g Rosinen
Salz, Pfeffer aus der Mühle, grob gemahlener
    getrockneter Chili

600 g dünne weiße Spargelstangen, geschält,
    holzige Enden entfernt
600 g dünne grüne Spargelstangen,
    holzige Enden entfernt
40 g Pinienkerne, trocken geröstet

Die Fischfilets halbieren und nebeneinander
in eine weite, flache Schale legen.
Die Zwiebeln im heißen Olivenöl glasig
dünsten. Den Honig dazugeben, mit dem
Essig ablöschen, Fischfond und Rosinen
hinzufügen und alles um ein Drittel einkochen lassen. Den Sud kräftig mit Salz,
Pfeffer und etwas Chili würzen und heiß
über die Fischfilets gießen. Die Schale mit
Folie abdecken und den Fisch 2 Stunden
in der Marinade ziehen lassen.
Inzwischen die Spargelstangen in kochendem Salzwasser 6–8 Minuten garen.
Abschütten und abtropfen lassen. Den
Spargel mit dem Saibling anrichten. Die
Zwiebelmarinade über die Fischstücke ver-
teilen und mit Pinienkernen bestreuen.

Gegrillte Jakobsmuscheln mit Spargel und Orangen-Vanille-Butter

Saibling in süß-saurem Zwiebelsud mit Spargel

Spargel mit Muscheln im Paprika-Safran-Sud 75

Spargel mit Muscheln im Paprika-Safran-Sud

3 rote Paprikaschoten, halbiert, entkernt,
    in grobe Stücke zerteilt
400 ml Fischfond
2 Schalotten, fein gewürfelt
2 Knoblauchzehen, fein gewürfelt
5–6 EL Olivenöl
1½ kg Miesmuscheln
100 ml Weißwein
1 g Safranfäden
2 EL frisch gehackter Dill
Salz, Cayennepfeffer
½ Zitrone, Saft
600 g dünne weiße Spargelstangen, geschält,
    holzige Enden entfernt
600 g dünne grüne Spargelstangen,
    holzige Enden entfernt

Die Paprikastücke mit dem Fischfond im Mixer sehr fein pürieren. Den Fond durch ein feines Tuch in eine Schüssel pressen. Schalotten und Knoblauch in einem Topf in 1 Esslöffel heißem Öl andünsten. Die Muscheln hinzufügen und kurz mitdünsten, dann mit dem Wein ablöschen, den Paprikafond dazugießen und alles zugedeckt etwa 6 Minuten garen.

Die Muscheln in ein Sieb abschütten (geschlossene Muscheln entfernen), dabei den Fond auffangen und in einen kleinen Topf geben. Den Safran hinzufügen und den Fond um die Hälfte einkochen lassen. Das restliche Olivenöl (4–5 Esslöffel) nach und nach unter den eingekochten Paprika-Safran-Sud rühren.

Inzwischen das Muschelfleisch aus den Schalen lösen und zusammen mit dem gehackten Dill unter den Paprikafond mischen. Alles kräftig mit Salz, Cayennepfeffer und etwas Zitronensaft abschmecken. Warm halten.

Die Spargelstangen in kochendem Salzwasser 6–8 Minuten garen. Abgießen, abtropfen lassen und mit den Muscheln im Paprikasud anrichten.

Tipp:
Dazu geröstetes Knoblauch-Baguette servieren.

Risotto mit gebratener Lachs- forelle und karamellisiertem Spargel

2 Schalotten, fein gewürfelt
2 EL Olivenöl
200 g Risottoreis
100 ml Weißwein
700 ml Geflügel- oder Fischbrühe
50 g Parmesan, frisch gerieben
30 g weiche Butter
2 EL geschlagener Rahm
Salz, Pfeffer aus der Mühle

2 Lachsforellenfilets à 250 g, mit Haut,
    entgrätet, gewaschen, trockengetupft
½ Zitrone, Saft
3 EL Olivenöl

5 Stangen weißer Spargel, geschält,
    holzige Enden entfernt
5 Stangen grüner Spargel, holzige Enden
    entfernt
1–2 TL Zucker

Die Schalotten in 2 Esslöffeln heißem Oli- venöl andünsten. Den Reis hinzufügen, kurz mitdünsten, dann mit dem Weißwein ablöschen und ein Viertel der Brühe dazu- gießen. Bei mittlerer Hitze köcheln lassen, bis der Reis die Flüssigkeit aufgesogen hat, dabei öfter umrühren. Diesen Vorgang wie- derholen, bis die Brühe aufgebraucht ist. Nach etwa 20 Minuten, wenn der Reis gar ist, den Parmesan darunterrühren, Butter und Rahm darunterheben. Den Risotto mit Salz und Pfeffer abschmecken.

Die Lachsforellenfilets in vier Tranchen schneiden, mit Salz, Pfeffer und etwas Zitronensaft würzen und im heißen Oli- venöl zuerst etwa 4 Minuten auf der Hautseite braten, dann wenden und auf der zweiten Seite nur noch 1 Minute braten. Aus der Pfanne nehmen und warm halten.

Den Spargel schräg in dünne Scheiben schneiden, in derselben Pfanne etwa 2 Minuten anbraten, dabei mit Salz und Pfeffer würzen, mit dem Zucker bestreuen und diesen leicht karamellisieren lassen. Die gebratenen Fischfilets auf dem Risotto anrichten und den karamellisierten Spargel darüber verteilen.

Kross gebratenes Zanderfilet auf Spargelgulasch

3 rote Paprikaschoten, halbiert, entkernt,
    in grobe Stücke geschnitten
400 ml Fischfond
800 g weißer Spargel, möglichst dicke
    Stangen, geschält, holzige Enden entfernt
1 Zwiebel, fein gewürfelt
2 EL Rapsöl
1 EL Paprikapulver, edelsüß
1 TL Paprikapulver, rosenscharf

600 g Zanderfilet, mit Haut, entgrätet,
    gewaschen, trockengetupft
Salz, Pfeffer aus der Mühle
1 Zitrone, Saft
Mehl zum Wenden
2 EL Olivenöl
2 Thymianzweige
1 Rosmarinzweig
2 Knoblauchzehen, gequetscht
1 TL Speisestärke, mit etwas kaltem Wasser
    angerührt
50 g Butter
1–2 EL gehackte Petersilie
    oder andere Kräuter
100 g Crème fraîche

Die Paprikastücke mit dem Fischfond im Mixer sehr fein pürieren, anschließend durch ein feines Tuch in einen Topf pressen. Die Spargelstangen in etwa 2 cm lange Stücke schneiden. In einem weiten Topf das Rapsöl erhitzen, die Spargelstücke mit den Zwiebelwürfeln darin 3–4 Minuten andünsten. Das Paprikapulver darüberstäuben und daruntermischen. Den Paprikasaft dazugießen und alles unter gelegentlichem Umrühren bei mittlerer Hitze etwa 15 Minuten köcheln lassen.

Inzwischen das Zanderfilet in vier Tranchen schneiden, mit Salz, Pfeffer und Zitronensaft würzen und in Mehl wenden. Zusammen mit den Kräuterzweigen und dem Knoblauch in einer beschichteten Pfanne im heißen Olivenöl zuerst etwa 5 Minuten auf der Hautseite braten, dann wenden und auf der zweiten Seite nur noch 1 Minute braten. Die Pfanne vom Herd ziehen und den Fisch im 80 Grad heißen Ofen warm halten.

Das Spargelgulasch mit etwas Speisestärke binden, mit Butter verfeinern und mit Salz und Pfeffer kräftig abschmecken. Zuletzt die gehackte Petersilie daruntermischen. Den gebratenen Zander auf dem Gulasch anrichten und mit etwas Crème fraîche beträufeln.

Spargelfrikadellen mit Kartoffelpüree und Morcheln

Für 4–6 Portionen

Kartoffelpüree:
800 g mehligkochende Kartoffeln, geschält,
    geviertelt
200 ml Milch
Salz, Muskatnuss
75 g Butter in Flocken

Frikadellen:
300 g weißer Spargel, geschält,
    holzige Enden entfernt
2 altbackene Brötchen, klein gewürfelt
¼ l Milch, lauwarm
1 Zwiebel, fein gewürfelt
30 g Butter
50 ml Rahm
1 Ei
1 EL gehackte Petersilie
500 g gemischtes Hackfleisch
Salz, Pfeffer aus der Mühle
50 g Butterschmalz

250 g frische Morcheln, gründlich gewaschen,
    trockengeschleudert
2 kleine Zwiebeln, in feine Scheiben
    geschnitten
150 g frische Erbsen
75 g Butter

Die Kartoffeln in reichlich Salzwasser etwa 30 Minuten weich kochen. Das Wasser abschütten und die Kartoffeln auf dem Herd etwas ausdampfen lassen, dann mit einem Kartoffelstampfer grob zerdrücken. Die Milch mit Salz und Muskatnuss aufkochen, zusammen mit den Butterflocken unter die zerstampften Kartoffeln rühren. Warm halten.

Die Spargelstangen in kochendem Salzwasser etwa 6 Minuten garen, abschütten, kalt abschrecken und in kleine Stücke schneiden.

Das Brötchen mit der lauwarmen Milch begießen und 5 Minuten einweichen. Die Zwiebel in der zerlassenen Butter glasig dünsten, mit dem Rahm ablöschen, etwas einkochen, dann abkühlen lassen. Das eingeweichte Brot gut ausdrücken und zusammen mit dem Ei, den Spargelstücken, Petersilie und der Zwiebel-Rahm-Mischung zum Hackfleisch geben. Alles gründlich mischen und kräftig mit Salz und Pfeffer würzen.

Den Backofen auf 130 Grad vorheizen. Aus der Hackfleischmasse mit angefeuchteten Händen kleine runde Bällchen formen, etwas flachdrücken und im heißen Butterschmalz auf beiden Seiten langsam goldbraun braten. Etwa 15 Minuten im vorgeheizten Ofen nachgaren lassen.

Inzwischen die Morcheln je nach Größe zerkleinern. Zusammen mit Zwiebeln und Erbsen in einer großen Pfanne in der zerlassenen Butter bei mittlerer Hitze unter gelegentlichem Wenden goldbraun braten. Mit etwas Pfeffer und einer Prise Salz würzen. Die Frikadellen auf dem Kartoffelpüree anrichten und die Morchelmischung darüber verteilen.

Kartoffel-Spargel-Salat
mit Wiener Schnitzel

Kartoffel-Spargel-Salat:
750 g Salatkartoffeln
500 g weißer Spargel, geschält,
    holzige Enden entfernt
8 Radieschen, in dünne Scheiben gehobelt
1 Zwiebel, fein gewürfelt
6 EL Sonnenblumenöl
50 ml Weißweinessig
150 ml Geflügelbrühe
1 TL Senf
Salz, Pfeffer aus der Mühle

4 kleine Kalbsschnitzel à 100 g, zwischen
    2 eingeölten Lagen Klarsichtfolie
    dünn geklopft
2 Eier
1–2 EL geschlagener Rahm
50 g Mehl
150 g Semmelbrösel
150 g Butterschmalz

2 Zitronen, in Schnitze geschnitten
2 EL Schnittlauchröllchen

Die Kartoffeln in reichlich Salzwasser weich kochen. Abkühlen lassen, schälen und in dünne Scheiben schneiden. Die Spargelstangen in kochendem Salzwasser etwa 8 Minuten garen, dann ebenfalls in dünne Scheiben schneiden und zu den Kartoffeln geben.

Die Zwiebel in 2 Esslöffeln heißem Öl anbraten. Mit dem Essig ablöschen, mit der Brühe aufgießen und etwas einkochen lassen. Die heiße Marinade zusammen mit dem Senf und dem restlichen Öl (4 EL) zum Kartoffel-Spargel-Salat geben und gut durchmischen. Die Radieschenscheiben daruntermischen und den Salat $\frac{1}{2}$ Stunde ziehen lassen.

Inzwischen für die Wiener Schnitzel die Eier mit dem Schlagrahm verquirlen. Die Schnitzel salzen und pfeffern, im Mehl wenden, dann durch die Eier-Rahm-Mischung ziehen und mit den Semmelbröseln panieren. Das Butterschmalz in einer großen Pfanne erhitzen und die Schnitzel darin schwimmend auf beiden Seiten langsam goldbraun ausbacken. Auf Küchenpapier abtropfen lassen und mit dem Kartoffel-Spargel-Salat und Zitronenschnitzen anrichten. Den Salat mit dem Schnittlauch bestreuen.

Gebratenes Spargel-
Artischocken-Gemüse
mit gegrilltem Lamm

600 g Lammrückenfilets, ohne Haut
    und Sehnen
3 Knoblauchzehen, zerquetscht
2 Rosmarinzweige
3 Thymianzweige
80 ml Olivenöl
Salz, Pfeffer aus der Mühle

4 Artischocken
12 grüne Spargelstangen, holzige Enden
    entfernt
12 Kirschtomaten
2–3 EL Honig
grob gemahlene getrocknete Chili
½ Zitrone, Saft
50 g schwarze Oliven

Die Lammrückenfilets mit Knoblauchzehen
und Kräutern in eine flache Schale legen,
mit dem Olivenöl begießen und zugedeckt
im Kühlschrank über Nacht marinieren.
Die Artischocken putzen, das Heu entfernen, die Artischocken vierteln und mit
Zitronensaft beträufeln. Die Spargelstangen
der Länge nach halbieren.
Die Lammfilets aus der Marinade nehmen,
mit Salz und Pfeffer würzen und auf dem
heißen Grill oder in der Grillpfanne auf
jeder Seite etwa 5 Minuten grillen.
Anschließend in Folie gewickelt etwa
10 Minuten ruhen lassen.
3–4 Esslöffel der Lammmarinade in einer
großen Pfanne erhitzen. Die vorbereiteten
Artischocken und Spargeln hineingeben
und bei mittlerer Hitze braten. Die Tomaten
hinzufügen und weitere 2 Minuten mit-
braten. Mit Salz, Pfeffer, Honig und Chili
würzen, mit dem Zitronensaft ablöschen
und die Oliven daruntermischen.
Das Artischocken-Spargel-Gemüse auf
Tellern anrichten und das Lamm, in Stücke
geschnitten, dazulegen.

Geschmortes Huhn mit Spargel und Orangen-Whiskey-Sud

Geschmortes Huhn mit Spargel und Orangen-Whiskey-Sud

1 Hühnchen, ca. 1½ kg, gewaschen,
    trockengetupft
Salz, Pfeffer aus der Mühle
Mehl zum Wenden
4 EL Olivenöl
12 kleine Perlzwiebeln oder Schalotten,
    halbiert
50 ml Whiskey
200 ml frisch gepresster Orangensaft
150 ml Hühnerbrühe
1 Orange, abgeriebene Schale
3 Thymianzweige

20 grüne Spargelstangen, holzige Enden
    entfernt
50 g Butter
2 Orangen, geschält, filetiert

Vom Hühnchen die Schenkel abtrennen und
die Brüste dem Knochen entlang ablösen.
Die Hühnchenteile mit Salz und Pfeffer
würzen, in Mehl wenden und im heißen
Olivenöl anbraten. Die Zwiebeln dazugeben,
mit dem Whiskey ablöschen, Orangensaft
und Hühnerbrühe dazugießen. Die Orangenschale und den Thymian hinzufügen,
den Deckel aufsetzen und das Fleisch bei
mittlerer Hitze etwa 1 Stunde weich
schmoren. Die Hühnchenteile herausheben
und warm halten. Die Thymianzweige entfernen, die Sauce etwas einkochen lassen
und mit Salz und Pfeffer abschmecken.
Die Spargelstangen in kochendem Salzwasser 3–4 Minuten garen, abschütten und
in der erhitzten Butter anbraten, mit Salz
und Pfeffer würzen. Das geschmorte Huhn
zusammen mit dem Spargel, den Orangen-
filets und den Zwiebeln anrichten und mit
der Sauce beträufeln.

Glasierte Entenbrust mit Spargel und Nudeln aus dem Wok

4 Nantaiser Entenbrüste à 100 g, gewaschen,
    trockengetupft
2 EL Pflanzenöl
2 EL Honig
2–3 EL Teriyakisauce

200 g chinesische Eiernudeln
8 dicke weiße Spargelstangen, geschält,
    holzige Enden entfernt, schräg in dünne
    Scheiben geschnitten
250 g Thaispargel, geputzt
2 EL Sesamöl
3 EL Sojasauce
3 EL Sweet-Chili-Sauce
1 Limette, Saft
1 Prise Currypulver

Den Ofen auf 160 Grad vorheizen. Die
Entenbrüste in einer Pfanne im heißen Öl
auf der Hautseite scharf anbraten. Herausnehmen und nebeneinander mit der Hautseite nach oben auf ein Blech legen. Den
Honig mit Teriyakisauce verrühren und die
Entenbrüste damit gleichmäßig bestreichen.
Im vorgeheizten Ofen ewa 30 Minuten
garen, die letzten 5–8 Minuten bei zuge-
schaltetem Grill, dabei das Fleisch gelegentlich mit der Glasur bestreichen.
Inzwischen die Nudeln in kochendem Salzwasser 2–3 Minuten garen, abschütten und
kalt abschrecken.
Das Sesamöl im Wok erhitzen. Thaispargel
und Spargelscheiben darin anbraten. Dann
die Nudeln hinzufügen und daruntermischen. Sojasauce, Sweet-Chili-Sauce und
Limettensaft darunterrühren und mit einer
Prise Curry würzen.
Die Entenbrüste in Scheiben schneiden
und mit Nudeln und Spargeln auf Tellern
anrichten.

Pochiertes Kalbsfilet im Kräutermantel auf Spargel-Kartoffel-Gemüse

500 g kleine Kartoffeln, gewaschen
1 kg weißer Spargel, geschält, holzige Enden
    entfernt
50 g Butter
2 TL Mehl
200 ml Rahm
Salz, Pfeffer aus der Mühle, Muskatnuss
½ Zitrone, Saft

600 g Kalbsfilet, ohne Haut und Sehnen
4 EL Olivenöl
Salz, Pfeffer aus der Mühle
ca. 70 g gemischte Kräuter (z. B. Petersilie,
    Kerbel, Estragon, Bärlauch, Dill),
    fein gehackt

Die Kartoffeln in kochendem Wasser weich garen. Schälen und je nach Größe nochmals halbieren.

Die Spargelschalen und die holzigen Enden mit etwa 1 Liter kaltem Wasser, etwas Salz und Zucker in einen Topf geben, aufkochen und etwa 20 Minuten ziehen lassen. Den Sud durch ein Sieb abgießen, erneut aufkochen und die Spargelstangen darin etwa 12 Minuten garen. Den Spargel herausheben und in Stücke schneiden. Vom Sud 300 ml abmessen.

Die Butter in einem Topf aufschäumen lassen, das Mehl einstreuen, nach und nach den Spargelsud, dann den Rahm darunterrühren und zu einer sämigen Sauce einkochen lassen. Die Sauce mit Salz, Pfeffer, Muskatnuss und Zitronensaft kräftig würzen. Die Spargelstücke und die Kartoffeln darunterheben und warm halten.

Das Kalbsfilet rundum mit 2 Esslöffel Olivenöl einreiben und mit Salz und Pfeffer kräftig würzen. Dann in den gehackten Kräutern wälzen, so dass das Filet gleichmäßig davon umhüllt ist. Das Filet zuerst in Klarsichtfolie und anschließend straff in Alufolie wickeln. In siedendem Wasser (etwa 85 Grad heiß) etwa 20 Minuten garen. Herausheben und 5 Minuten ruhen lassen. Dann das Filet aus der Folie wickeln, in etwa 3 cm dicke Scheiben schneiden und mit dem Spargel-Kartoffel-Gemüse servieren.

Spargel auf die süße Art

Süßer Spargel-Erdbeer-Salat

300 g weißer Spargel, geschält,
   holzige Enden entfernt
300 g reife Erdbeeren, gewaschen, geputzt,
   halbiert oder geviertelt
2 Limetten, Saft
80 g Zucker
1 Vanilleschote, ausgekratztes Mark
1 EL fein geschnittener frischer Basilikum
150 g halbsteif geschlagener Rahm
50 g Crème fraîche
30 g Mandelblättchen, trocken geröstet

Die Spargelstangen in kochendem Wasser
mit etwas Zucker etwa 10 Minuten kochen,
abschütten und kalt abschrecken, dann die
Stangen in 2–3 cm lange Stücke schneiden.
Mit den Erdbeeren in einer Schüssel
mischen.
Den Limettensaft mit Zucker, Vanillemark
und 50 ml Wasser sirupartig einkochen
lassen. Den Sirup etwas abkühlen lassen,
dann zusammen mit dem Basilikum zu den
Erdbeeren und den Spargeln geben und
alles locker miteinander mischen. Den
Salat in Gläser verteilen.
Den halbsteif geschlagenen Rahm unter die
Crème fraîche heben und je 2–3 Esslöffel
davon auf jede Portion geben. Mit den
gerösteten Mandelblättchen bestreuen.

Tipp:
Sie können die Erdbeer- und Spargelstücke
zusätzlich noch mit etwas Grand Marnier
marinieren.

Süßes Spargel-Quark-Soufflé mit Rhabarber

Für 4–6 Portionen (je nach Größe der Gläser)

150 g weißer Spargel, geschält, holzige Enden
   entfernt, in kleine Stücke geschnitten
100 ml Rahm
Butter und Zucker für die Förmchen
2 Stangen Rhabarber, geschält, in kleine Stücke
   geschnitten
1–2 EL Grenadinesirup
3 Eier
200 g Magerquark
1 Prise Salz
80 g Zucker
Puderzucker zum Bestäuben

Die Spargelstücke mit dem Rahm in einen
Topf geben und bei schwacher Hitze etwa
15 Minuten köcheln lassen, dabei gelegentlich umrühren. Anschließend das Ganze
fein pürieren.
Den Ofen auf 220 Grad Unterhitze vorheizen. Ein tiefes Backblech oder eine Gra-
tinform mit Küchenpapier auslegen und so
viel Wasser einfüllen, dass die Förmchen
später zu einem Drittel im Wasser stehen.
Ofenfeste Förmchen oder Gläser ausbuttern
und mit Zucker ausstreuen.
Den Rhabarber mit dem Grenadinesirup
mischen und in die Förmchen verteilen.
Die Eier trennen. Die Eigelbe und den
Quark zum Spargelpüree geben und glattrühren. Die Eiweiße mit einer Prise Salz
sehr steif schlagen. Dabei nach und nach
den Zucker einrieseln lassen. Den Eischnee
behutsam unter die Spargel-Quark-Masse
heben.
Gleichzeitig das vorbereitete Wasserbad auf
dem Herd zum Kochen bringen. Die Soufflé-
masse auf den Rhabarber in die Förmchen
füllen, diese ins Wasserbad stellen und im
Ofen bei 220 Grad etwa 20 Minuten garen.
Mit Puderzucker bestäuben und sofort
servieren.

Süßer Spargel-Erdbeer-Salat

Süßes Spargel-Quark-Soufflé mit Rhabarber

Süße Spargelbeignets mit Vanillesauce und Erdbeerquark

Vanillesauce:
¼ l Milch
¼ l Rahm
100 g Zucker
2 Vanilleschoten, ausgekratztes Mark
4 Eigelb

Erdbeerquark:
500 g Erdbeeren, gewaschen, geputzt
250 g Rahmquark
50 g Zucker

Spargelbeignets:
500 g weißer Spargel, geschält,
    holzige Enden entfernt
3 Eier
50 g Zucker
1 Päckchen Vanillezucker
150 ml Weißwein
150 g Mehl
1 TL Backpulver
½ l Pflanzenöl zum Frittieren
Puderzucker zum Bestäuben

Für die Vanillesauce Milch, Rahm, Zucker und Vanillemark aufkochen. Dann langsam unter ständigem Rühren zu den Eigelben in eine Schüssel gießen. Alles wieder zurück in den Topf geben und bei schwacher bis mittlerer Hitze so lange unter Rühren erhitzen, bis die Sauce leicht dicklich-cremig bindet. Die Sauce durch ein Sieb passieren und zugedeckt im Kühlschrank vollständig auskühlen lassen.

Ein Drittel der Erdbeeren klein würfeln, die restlichen Erdbeeren mit Quark und Zucker im Mixer fein pürieren. Die gewürfelten Erdbeeren darunterheben.

Die Spargelstangen in kochendem Wasser mit etwas Zucker etwa 5 Minuten kochen, anschließend abschütten, kalt abschrecken und in 5 cm lange Stücke schneiden.

Die Eier mit Zucker, Vanillezucker und Weißwein verrühren. Mehl und Backpulver mischen und unter die Eiermasse ziehen. Die Spargelstücke durch den Backteig ziehen und portionsweise im heißen Frittieröl von beiden Seiten goldbraun und knusprig ausbacken. Auf Küchenpapier abtropfen lassen und mit Puderzucker bestäuben. Die Beignets am besten warm mit der Vanillesauce und dem Erdbeerquark servieren.

Karamellisierter Spargelflan mit Passionsfruchtsorbet

Flan:
12 Löffelbiskuits
100 g weißer Spargel, geschält, holzige Enden
    entfernt, in kurze Stücke geschnitten
50 g Zucker
50 ml Weißwein
150 ml Rahm
2 Eier
3 Blatt Gelatine
1 Prise Salz
ca. 3 EL brauner Zucker zum Karamellisieren

Sorbet:
¼ l Passionsfruchtsaft, ungesüßt
75 g Zucker

weiße Schokoladenspäne

Je 3 Löffelbiskuits pro Portion nebeneinander legen. Einen Ring von etwa 7 cm Durchmesser daraufsetzen und nach unten drücken, so dass die Biskuits im Ring einen geschlossenen Boden bilden.
Die Spargelstücke mit Zucker, Weißwein und Rahm in einen Topf geben und bei schwacher Hitze etwa 15 Minuten lang köcheln lassen. Anschließend das Ganze fein pürieren und durch ein Sieb streichen. Die Eigelbe dazugeben und das Püree über einem heißen Wasserbad zu dicklich-cremiger Konsistenz aufschlagen. Inzwischen die Gelatine 5 Minuten in kaltem Wasser einweichen, ausdrücken, zum warmen Spargelschaum geben und darin auflösen. Die Eiweiße mit einer Prise Salz zu steifem Schnee schlagen, behutsam unter die Spargelcreme heben. Die Masse in die Portionsringe auf den Biskuitboden gießen und glattstreichen. Die Spargelflans 3–4 Stunden kühl stellen.
Inzwischen Passionsfruchtsaft mit dem Zucker verrühren und in einer Eismaschine cremig gefrieren lassen.
Den Spargelflan mit einem in heißes Wasser getauchten Messer vorsichtig vom Ring lösen und diesen entfernen. Die Flans auf Teller setzen, gleichmäßig mit dem braunen Zucker bestreuen und mit einem Bunsenbrenner karamellisieren.
Je eine Kugel Passionsfruchtsorbet daraufsetzen und mit weißen Schokoladespänen bestreut servieren.

Spargel auf Vorrat
Grundrezepte

Süß-scharfes Spargel-Orangen-Chutney

400 g weißer Spargel, geschält, holzige Enden
    entfernt, schräg in 2 cm breite Stücke
    geschnitten
1 rote Zwiebel, gewürfelt
1 kleine rote Chilischote, längs halbiert,
    entkernt, klein gewürfelt
2 EL Olivenöl
50 ml Weißweinessig
100 g Zucker
3 kernlose, saftige Orangen, geschält
    (samt weißer Schale), klein gewürfelt
Salz, schwarzer Pfeffer aus der Mühle
1–2 EL fein gehackte Minze

Spargel, Zwiebel und Chili im heißen Olivenöl andünsten. Mit dem Essig ablöschen,
Zucker und Orange daruntermischen und
alles bei mittlerer Hitze langsam einkochen,
bis fast alle Flüssigkeit verdunstet ist. Das
Chutney mit Pfeffer und einer Prise Salz
abschmecken und zuletzt die fein gehackte
Minze daruntermischen. Heiß in sterilisierte Einmachgläser füllen und luftdicht
verschlossen kühl lagern.

Spargelpesto

400 g grüner Spargel, holzige Enden entfernt,
    in Stücke geschnitten
½ Bund Basilikum (ca. 2–3 Stengel), Blätter
    abgezupft
50 ml Walnussöl
100 ml Sonnenblumenöl
1 Knoblauchzehe, grob zerkleinert
Salz
½ TL Vitamin-C-Pulver
75 g Walnüsse, grob gehackt, trocken geröstet
75 g Parmesan, fein gerieben

Den Spargel etwa 6 Minuten in kochendem
Salzwasser garen. Abschütten und in Eiswasser abschrecken. Die Basilikumblätter
abzupfen.
Walnussöl und Sonnenblumenöl mit Knoblauch, etwas Salz, dem Vitamin-C-Pulver,
den gerösteten Nüssen, den Basilikumblät-
tern und den Spargelstücken im Mixer zu
einer Paste pürieren. Den fein geriebenen
Parmesan dazugeben und kurz daruntermixen.
Den Pesto in ein luftdicht verschließbares
sterilisiertes Einmachglas füllen. Kühl auf-
bewahrt, etwa 2 Wochen haltbar.

Tipp:
Durch die Zugabe des Vitamin-C-Pulvers
behält der Pesto längere Zeit seine schöne
grüne Farbe.

Süß-scharfes Spargel-Orangen-Chutney (links), Spargelpesto (rechts)

Spargel-Pickles süß-sauer

½ l Weißweinessig
250 g Honig
2 EL Senfkörner
1 TL Dillsamen
16 weiße dünne Spargelstangen, geschält,
    holzige Enden entfernt, in kleine Stücke
    geschnitten
16 grüne dünne Spargelstangen, holzige
    Enden entfernt, in kleine Stücke
    geschnitten
2 rote Chilischoten, längs halbiert
1 Bund frischer Dill, Blätter abgezupft

Den Essig mit 150 ml Wasser, Honig, Senf-körnern und Dillsamen in einen weiten Topf geben und 5 Minuten sprudelnd kochen lassen. Dann den geschälten Spargel und die Chilihälften hinzufügen und weitere 2 Minuten kochen lassen.
Den Spargel und die Chilis aus dem Sud heben und zusammen mit dem frischen Dill in ein großes oder 4 kleine sterilisierte Ein-machgläser füllen. Den heißen Sud darüber-gießen, fest verschließen und kühl und dunkel aufbewahren.

Süßes Spargel-Vanille-Kompott

2 EL Speiseöl
400 g weißer Spargel, geschält, holzige Enden
    entfernt, in 1–2 cm breite Stücke
    geschnitten
1 Vanilleschote, ausgekratztes Mark
200 g Gelierzucker (1:2)
1 Zitrone, Saft

Das Öl in einem Topf erhitzen, die Spargel-stücke mit dem Vanillemark und der Schote andünsten. Den Gelierzucker und den Zitro-nensaft hinzufügen und alles bei mittlerer Hitze unter gelegentlichem Umrühren etwa 10 Minuten köcheln lassen.
Das Kompott in sterilisierte Gläser füllen und luftdicht verschlossen kühl lagern.

Spargel-Pickles süß-sauer

Sauce hollandaise
Grundrezept

Für 4–6 Portionen

250 g Butter, in Würfeln
2 EL Weißweinessig
ca. 8 weiße Pfefferkörner
1 Schalotte, klein geschnitten
3 Eigelb
Salz, Cayennepfeffer
½ Zitrone, Saft

Die Butter in einem Topf bei mittlerer Hitze erwärmen, bis die Molke zu Boden sinkt und die Butter geklärt ist. Das klare Butterfett vorsichtig in ein anderes Gefäß umgießen.

Den Essig mit 4 Esslöffeln Wasser, den zerdrückten Pfefferkörnern und der Schalotte in einen Topf geben und auf ein Drittel einkochen lassen. Durch ein Sieb in eine Schüssel gießen. 2 Esslöffel Wasser und die Eigelbe hinzufügen und über einem heißen Wasserbad (60–70 Grad) zu einem dickcremigen Schaum mit lockerem Stand aufschlagen.

Die geklärte Butter zunächst tropfenweise, dann in dünnem Strahl unter den Eigelbschaum schlagen.

Die Sauce hollandaise mit Salz, Cayennepfeffer und etwas Zitronensaft abschmecken und am besten sofort servieren.

Hollandaise-Variationen

Sauce hollandaise mit frischen Kräutern

Für 4–6 Portionen

80 g gemischte Kräuter (z. B. Kerbel, Estragon,
Petersilie, Dill, Bärlauch), Blätter fein
gehackt
2 Bund Schnittlauch, in feine Röllchen
geschnitten

Die Sauce hollandaise nach Grundrezept
zubereiten.
Die gehackten Kräuter und den Schnittlauch unter die fertige Hollandaise rühren.

Sauce hollandaise mit gerösteten Nüssen

Für 4–6 Portionen

40 g Walnüsse, gehackt
40 g Haselnüsse, gehackt
50 g gehobelte Mandeln

Die Sauce hollandaise nach Grundrezept
zubereiten.
Walnüsse, Haselnüsse und Mandeln in einer
Pfanne trocken goldbraun rösten. Die gerösteten Nüsse unter die fertige Sauce hollandaise rühren.

Sauce hollandaise mit Tomaten und Basilikum

Für 4–6 Portionen

2 EL Tomatenmark
3–4 vollreife Strauchtomaten, geviertelt,
entkernt, klein gewürfelt
½ Bund Basilikum (ca. 3 Stengel),
Blätter fein geschnitten

Die Sauce hollandaise nach Grundrezept
zubereiten. Das Tomatenmark darunterrühren.
Die Tomatenwürfel zusammen mit dem
Basilikum unter die fertige Sauce hollandaise rühren.

Sauce hollandaise mit Orangen

Für 4–6 Portionen

3 saftige Orangen

Von einer Orange die Schale fein abreiben.
Alle Früchte halbieren, den Saft auspressen,
zusammen mit der fein geriebenen Schale
in einen Topf geben und fast sirupartig einkochen lassen.
Die Sauce hollandaise nach Grundrezept
zubereiten.
Die Orangenreduktion nach und nach unter
die fertige Sauce rühren.

Sauce hollandaise mit frischen Kräutern

Sauce hollandaise mit gerösteten Nüssen

Sauce hollandaise mit Tomaten und Basilikum

Sauce hollandaise mit Orangen

Rezeptverzeichnis